7 SECRETOS QUE TODO LÍDER DE ADOLESCENTES DEBE SABER

SERGIO VALERGA

7 SECRETOS QUE TODO LÍDER DE ADOLESCENTES DEBE SABER

SERGIO VALERGA

e625.com
7 SECRETOS QUE TODO LÍDER DE ADOLESCENTES DEBE SABER
e625 - 2023
Dallas, Texas

Todas las citas bíblicas son de la Nueva Biblia Viva (NBV) a menos que se indique lo contrario.

Editado por: **Virginia Bonino de Altare**
Diseñado por: **JuanShimabukuroDesign**

ISBN: 978-1-954149-33-5

IMPRESO EN ESTADOS UNIDOS

CONTENIDO

PRÓLOGO

La adolescencia es hoy uno de los blancos preferidos de la sociedad de consumo, de las agendas globales y, por qué no decirlo, del reino de mal. *¿Y qué tal para nosotros?* No conozco ninguna iglesia local que no quiera tener un buen grupo de adolescentes, pero conseguir tener un grupo de ellos no es lo mismo que edificar un ministerio sano, eficaz y de avanzada, es por eso que me entusiasma este libro.

En demasiadas ocasiones los ministerios de adolescentes de muchísimas congregaciones locales son la copia de una reunión para adultos solo que en un día diferente de la semana, sin tomar en cuenta el diseño de Dios en cuanto a las necesidades interiores propias de la etapa, los distintos estilos de aprendizaje y las posibilidades de hacer avanzar el Reino de Cristo con ellos. Las reuniones se reducen a escuchar y cantar pero hay poco de preguntar, expresar y hacer.

Demasiados ministerios de adolescentes sencillamente no lo son, solo tienen adolescentes mezclados con jóvenes y hasta con preadolescentes o niños. Por otra parte, en términos de estrategias, solo tienen características pensadas para adultos desde una herencia litúrgica, pero con prácticamente nada de lo que es esencial para la educación bíblica genuina y el acompañamiento personal que se debe hacer con quienes están pasando por esta etapa de la vida.

Por esta razón es que me gusta tanto que el autor de este ágil libro proponga tanto ideas acerca de cómo entenderlos como de cómo cautivarlos y servirlos.

Gracias por interesarte en el trabajo con adolescentes. Esta es una etapa hipersensible de la vida que termina afectando la formación de la identidad, encaminando la vocación y también las afinidades y gustos por el resto de la vida. Es por eso que necesitamos líderes comprometidos y conscientes del potencial que tienen en sus manos y que lo sepan aprovechar para el Reino de Dios.

Que lo disfrutes y que Dios te ayude a trabajar con mayor fidelidad y eficacia con los adolescentes que te permita tener a tu cargo.

Dr. Lucas Leys
Fundador de e625.com

EL PUNTO DE PARTIDA

Hay quienes ven a un grupo de adolescentes y escapan temiendo por su salud mental. Otros, sabemos que servirlos es un privilegio y también una gran responsabilidad. Ellos están en la etapa de los modelos alternativos; modelos distintos a los que tuvieron hasta su preadolescencia cuando los padres promedio les parecían padres extraordinarios.

Trabajar con ellos es un viaje de aventura, riesgo y descubrimiento. Es un llamado y el llamado de Dios es difícil de explicar pero imposible de ignorar. Se manifiesta en una convicción persistente y consciente de que Dios te pide que hagas algo. En la mayoría de los casos, este llamado no viene desde afuera con rayos y truenos sino desde adentro, como si en lo más profundo de tu interior pudieras escuchar una voz que nunca deja de hablarte. Esta voz que representa tu llamado puede expresarse de diversas maneras: tu capacidad innata, tus ganas, tu deseo de pasar más tiempo con los adolescentes o tu don natural que te permite relacionarte efectivamente con ellos y que a otros puede resultarle extraño.

Cuando hay un llamado, aun cuando haya frustraciones, hay un sentido de realización y alegría que invade tu alma. Y eso te sucede cuando los sirves a ellos. Es un gran acierto en tu vida que te llena de una sensación de pertenencia y calidez al percibir que estás en el lugar correcto. Se trata del emocionante llamado al ministerio con adolescentes.

¿DE QUÉ SE TRATA?

La ciencia enseña que muchas veces para definir algo es mejor empezar con lo que ese algo no es. Así que déjame comenzar por ahí.

El ministerio eficaz con adolescentes no se trata de programas y actividades increíbles. Los programas son necesarios y es mejor tener actividades increíbles, pero esa no es la esencia del llamado.

Tampoco se trata de lograr que los chicos sigan un listado de reglas y cosas que deben hacer, y otro de cosas que bajo ningún punto de vista deben hacer.

Ni tampoco tiene que ver con que tú te conviertas en su héroe y dependan obsesivamente de ti, aunque definitivamente te estarán observando y te llegarán a admirar.

Nuestro llamado a trabajar con adolescentes se puede resumir en contagiarlos de nuestra vida íntima con Jesús para que ellos desarrollen su vida íntima con Él.

Eso es en esencia el discipulado y lo que en nuestra posición debemos lograr con los adolescentes que podamos afectar.

El ministerio con adolescentes se trata de conectar a los chicos con Jesús: promover ocasiones para que puedan encontrarse con Él, experimentarlo, seguirlo y amarlo. Es decir, que los chicos aprendan a vivir íntimamente ligados a Jesús.

Por eso, cuando te sientas incompetente, recuerda que tu identidad, tus dones y tu llamado vienen de parte de Dios. Puedes deshacerte de cualquier sentimiento de incompetencia. Si Él te equipa, ¿cómo puedes fracasar? Si Él te da las palabras, ¿cuál es tu preocupación? Si Él va delante de ti, estarás bien.

1
EL SECRETO DE LA RELACIÓN

Los adolescentes experimentan a Jesucristo cuando los adultos de la iglesia son amables con ellos y les dedican tiempo y amor sin motivaciones ocultas que tengan que ver con los líderes y no con ellos.

El gran Mike Yaconelli, uno de los pioneros de la pastoral juvenil escribió: «Todo lo que quiero hacer es recuperar lo que solíamos vivir y respirar. Tomamos a los adolescentes de la mano, escuchamos sus historias, los tomamos en serio, y en algún momento a lo largo del camino, los traemos a Jesús. Eso es. Eso es ministerio juvenil».

Los programas, eventos y actividades son parte vital de la experiencia cristiana, pero también es cierto que se produce un desbalance cuando solo pensamos en programas o en crecer rápidamente en número sin tener en cuenta las relaciones uno a uno con ellos, y por eso el primer gran secreto de la pastoral con adolescentes es relacionarse con ellos al estilo de Jesús.

Claro que también se puede caer en el extremo opuesto si nos enfocamos solo en lo relacional, sin tener un programa de crecimiento y discipulado intencional pero, usualmente, la mayoría de los líderes cristianos nos vamos más por el lado de los programas que por el lado de las relaciones. Lo ideal sería lograr un equilibrio en el que ambos objetivos puedan ir de la mano y asegurar el desarrollo saludable de cada uno de los adolescentes.

Esta generación está interesada en gente real, sincera y genuina. Están más interesados en saber que nos importan que en escuchar nuestros lindos mensajes. Están buscando desesperadamente ejemplos para poder seguirlos.

Los tiempos que estamos viviendo nos invitan a estar menos centrados en nuestros púlpitos y a darle más importancia al evangelio relacional, tal y como sucedía en la iglesia primitiva y como lo vemos a Jesús actuar en los evangelios.

LOS PADRES SON LA INFLUENCIA MÁS GRANDE Y PODEROSA EN LA VIDA DE LOS HIJOS, PERO NO SON LA ÚNICA INFLUENCIA QUE ELLOS NECESITAN.

Cuando se da una relación cercana en el trato con aquellos a quienes deseamos discipular, como líderes quedamos en una posición de vulnerabilidad, ya que la cercanía pone en evidencia nuestras debilidades y fragilidad; pero esto fortalece a quienes son discipulados, haciéndoles saber que ellos también pueden ser como nosotros. Las relaciones cercanas animan y ofrecen esperanza a los adolescentes.

«Hay momentos sobresalientes en nuestras vidas y la mayoría de ellos vinieron como resultado del ánimo que otra persona nos dio». George M. Adams.

Todos necesitamos de la influencia saludable de adultos responsables que tengan un corazón para instruir, discipular y entrenar. Todas las personas necesitan sentirse amadas y que otros les demuestren un interés genuino que les ayude a sentirse valoradas.

Cuando les preguntamos a los adolescentes quiénes son los que más influencia ejercen sobre ellos, teniendo en cuenta la calidad y cantidad de apoyo recibido, encontramos que estos son: amigos del grupo de jóvenes, amistades externas a dicho grupo, líderes juveniles, padres y adultos de su congregación.

¿A qué grupo designaron como el número uno? A los padres.

Los padres son la influencia más grande y poderosa en la vida de los hijos, pero no son la única influencia que ellos necesitan.

Los adolescentes con los que tratamos permanentemente, tienen una profunda necesidad de encontrar modelos a quienes imitar y en donde sentirse reflejados. ¡Qué interesante es ver que generalmente esos modelos no son personalidades famosas de la farándula, sino simplemente hombres y mujeres que han estado con ellos en momentos específicos de sus vidas! Sabemos lo vital que es la influencia a largo plazo que se produce en ellos cuando se dan relaciones significativas y se modelan roles que son dignos de imitar.

Cualquier adolescente en situación de riesgo está a un adulto «maduro, confiable y firme en la fe» de distancia de una vida totalmente diferente. Ellos necesitan adultos que puedan ser de influencia positiva en sus vidas.

«Se dice, y con razón, que el joven cierra el oído al consejo y abre los ojos al ejemplo. Cuando lo que se sostiene de palabra no es confirmado con los hechos es lógico que, no solo se ponga en duda qué tan fieles a los principios son los mayores, sino que se cuestione incluso la validez de estos principios». Dr. Julián Melgosa.

¿QUÉ ESPERAN LOS ADOLESCENTES DE NOSOTROS?

En la primera carta a los Tesalonicenses leemos lo siguiente: *«Así nosotros, por el cariño que les tenemos, nos deleitamos en compartir con ustedes no solo el evangelio de Dios sino también nuestra vida. ¡Tanto llegamos a quererlos!».* Tesalonicenses 2:8 (NVI)

Me encanta este pasaje porque Pablo, siendo quien es, les recuerda que si bien está cumpliendo con su ministerio y llamado entre ellos, se deleita no solo en esto sino en compartir su vida con ellos. Les expresa lo valiosos que son para él y cuánto ha llegado a encariñarse con ellos.

Las relaciones genuinas, profundas e intencionales se han vuelto una necesidad imperiosa y un bien escaso en nuestros días. Los adultos de hoy tenemos una gran responsabilidad, ya que los adolescentes necesitan compromiso, dedicación, relaciones paternales y un mentoreo intencional que sea el reflejo del amor y el interés genuino de Dios por ellos.

Más que simples regalos, los más chicos desean y necesitan recibir de sus padres tiempo y una relación que les ofrezca crecer en seguridad. De la misma manera nosotros, como líderes espirituales, debemos ofrecerles más que actividades y la participación en nuestros proyectos y metodologías. Ellos necesitan a personas reales que les manifiesten un interés real.

Los chicos perciben cuando estamos más comprometidos con hacerlos participar de nuestras actividades y programas que con ellos como individuos. En muchos adolescentes esta es una razón para su aparente letargo espiritual y falta de crecimiento. Simplemente no confían en los adultos que dirigen los programas. Más allá de que les agrademos, la mayoría de ellos se retrae, hasta cierto punto, porque nos ven como adultos con agendas interesadas. Están convencidos de que pocos adultos realmente se preocupan por lo que sienten o necesitan, y creen que nuestro interés en ellos no es por ellos sino por nosotros mismos.

FORMACIÓN POR MEDIO DEL EJEMPLO

Los discípulos vieron a Jesús en diferentes circunstancias. Lo vieron reír, llorar, cansarse, sufrir y, a la vez, caminaron y comieron junto a Él. Lo vieron hacer milagros extraordinarios y también apartarse para orar. A través de cada una de estas vivencias ellos fueron formados y preparados para lo que vendría. Por su parte, Jesús invirtió tiempo, les dio instrucciones precisas y se relacionó con ellos de una manera cercana y hasta paternal. Cuando se fue confió en ellos aunque, aparentemente, no estaban preparados para asumir la enorme responsabilidad de extender el mensaje del evangelio por las naciones.

El respaldo que la vida de Jesús dio a su enseñanza produjo un impacto profundo en sus discípulos. Más que cualquier otro elemento, fue su propio carácter y estilo de vida lo que ejerció la más grande influencia sobre sus discípulos. Jesús no solo les enseñó a orar sino que oró con ellos. No solo les enseñó a perdonar sino que lo vieron perdonar cuando desde la cruz exclamó: «Perdónalos, Señor, no saben lo que hacen».

El enfoque formativo no estaba solamente basado en la enseñanza sino en vivir y representar esas enseñanzas con su ejemplo.

La herramienta más poderosa que tenemos para influenciar a los más jóvenes es nuestro ejemplo. Cuando modelamos actitudes vulnerables, vidas cristianas prácticas y coherentes entre lo que decimos y hacemos, esto despierta en ellos el deseo de imitarnos y, por lo tanto, nos hace ganar acceso a sus corazones para poder hablarles. Ese derecho a hablarles e instruirlos no es algo que se impone, es algo que debemos ganarnos. El proceso para llegar a obtenerlo es algo costoso y está bien que así lo sea. Si realmente queremos ser líderes en esta generación, esa posición de autoridad debe ser ganada a través de nuestro servicio desinteresado hacia ellos y de un estilo de vida que avale nuestras convicciones y creencias.

Los jóvenes son muy sensibles a nuestras acciones, actitudes, valores y creencias. Por lo tanto, una inconsistencia nuestra entre lo que hacemos y lo que demandamos de ellos nos hace perder credibilidad y, como consecuencia, el derecho a instruirlos. Esta generación tiene un radar espiritual altamente sensible para detectar fácil y rápidamente la hipocresía. Y nada erosiona más la fe y la confianza en Dios de los adolescentes que cuando nos ven a los adultos diciendo algo y haciendo lo contrario.

Modelemos una vida de acuerdo a la edad que tenemos. Solemos pensar que para ganarnos su confianza tenemos que parecernos a ellos. Cuando los adultos adoptamos comportamientos, vestimentas y características adolescentes los dejamos a ellos sin referentes a quienes imitar.

MÍRALOS CON ANTEOJOS DE FE

Johann Wolfgang von Goethe dijo: *«Trata a un hombre como parece ser y le harás peor. Trátale como podría llegar a ser, y le harás aquello que debería ser».*

A lo largo de toda la Biblia encontramos historias de hombres comunes que hicieron cosas extraordinarias. En la mayoría de los casos vivieron un presente de frustración, temor y desesperanza, pero cada uno de ellos logró sobreponerse creyéndole a Dios y hoy recordamos sus vidas por lo que lograron. Tomemos el riesgo de no conformarnos con el presente, lo cual sería muy fácil de hacer, sino más bien utilicemos la fe para hablar de nuestros muchachos y chicas de acuerdo a lo que llegarán a ser y en quienes se convertirán. Somos un factor muy importante en esto. ¿Te imaginas lo que sucede en sus corazones cuando se dan cuenta de que nosotros creemos de ellos lo que ellos ni siquiera creen de sí mismos?

Jesús veía a sus discípulos no como lo que eran en ese momento, sino como lo que llegarían a ser. Desde el principio los trató como «pescadores de hombres». Los envió a expulsar demonios, aunque no siempre tuvieron éxito. Les dio la oportunidad de alimentar a una multitud pero ellos, atemorizados, no pudieron interpretar el desafío. Los convocó a una vigilia de oración para fortalecerlos en la lucha contra el mal, pero se durmieron. Sin embargo, nunca bajó el nivel de sus expectativas. Siguió invirtiendo en ellos, ya que sabía que algún día llegarían a ser pescadores de hombres. Y al final lo logró.

Una de las grandes luchas a las que nos enfrentamos cuando trabajamos con adolescentes es el desánimo. Muchas veces sentiremos que nuestros mejores esfuerzos no alcanzan, que no somos lo suficientemente buenos para hacer la tarea. Pensaremos que nadie se da cuenta de nuestra labor y que, en ocasiones, las expectativas que teníamos con algún chico en quien invertimos nuestra vida, no se cumplen. Sin embargo, no debemos permitir que la decepción nos gane. Al final, veremos el resultado de nuestra inversión.

IMPRESIÓNALOS CORRECTAMENTE

Ningún error que cometan los adolescentes (y los van a cometer) por más terrible que sea, será más grande que el amor, la gracia y el perdón de Jesús.

Si la gracia ofrecida a través de Jesucristo es suficiente para lidiar con los errores, luchas y pecados que nosotros cometemos siendo adultos, cuánto más suficiente será para lidiar con los errores de los adolescentes.

La gracia que quiero transmitirles a ellos es la misma gracia que necesito experimentar yo mismo.

En ocasiones no estaremos a la altura de las circunstancias. Probablemente algún día nos enojemos y ellos verán lo peor de nosotros. Entonces será el momento de reconocer nuestros errores y disculparnos con ellos.

Hace tiempo que los chicos se dieron cuenta de que no somos perfectos; solo necesitan ver cómo reaccionamos cuando nos equivocamos y aprender de nosotros.

Nuestro rol no es impresionar a los adolescentes con nuestra capacidad de ser líderes. Nuestro rol es el de impresionarlos con el amor y la naturaleza de Dios.

¿CÓMO LO HACEMOS?

Cuando ellos fallan o te decepcionan, sé un ejemplo de ternura que comunique que Jesús los entiende y sabe por lo que están pasando. Vivir como hijos amados de Dios no significa que no habrá dolor ni sufrimiento, pero los alentamos con amabilidad, sabiendo que Dios tiene un propósito y planes buenos para ellos.

Crear una cultura de amor incondicional en nuestra relación con ellos impulsa a los adolescentes a la salud emocional y moral. Recordemos que son una amada creación de Dios.

Cuando leemos los evangelios, nos damos cuenta de que Jesús no perdía la paciencia con los discípulos. Si bien es verdad que ocasionalmente los corrigió y les llamó la atención, vemos que esto fue la excepción y no la regla. Trató con la situación del momento y después siguió adelante en su relación con ellos. Fue muy paciente y no dejó que los errores que cometieran los dejaran sin oportunidades. En todo momento vemos no solo una actitud paciente sino también misericordiosa.

MUÉSTRALES QUE SON DIGNOS DE CONFIANZA

Mark Twain dijo: *«Mantente a distancia de la gente que trata de empequeñecer tus ambiciones. La gente pequeña siempre hace eso, en cambio los grandes te hacen sentir que tú también puedes ser grande».*

Seguramente todos nosotros recordamos algún momento en que alguien nos animó con una palabra y creyó en nosotros, delegándonos alguna responsabilidad cuando nosotros pensábamos que no estábamos listos para cumplirla.

Estamos frente a una generación que pide a gritos ser amada, influenciada, potenciada e impulsada hacia su destino. Constantemente oímos las referencias que los adultos hacen acerca de los adolescentes y de nuestro tiempo. He oído en innumerables oportunidades frases como: «Esta generación está perdida», «No se quieren comprometer», «No están dispuestos a aceptar responsabilidades» o «Son haraganes y ni siquiera saben lo que quieren en esta vida».

Tengamos presente que muchos de ellos provienen de hogares disfuncionales y no tienen a sus padres presentes para afirmar a diario sus sentimientos con palabras de apreciación. Solo en Estados Unidos el

62% de los jóvenes están creciendo sin la presencia de sus padres biológicos. Crecen sin recibir palabras amorosas que fortalezcan su autoestima y su confianza en sí mismos.

Por eso, cada vez que tengas la oportunidad de estar frente a ellos, exprésales frases como: «Creemos en ustedes», «Tenemos expectativas buenas» o «No veo la hora de ver lo que Dios hará a través de tu vida».

Vamos a recordarles lo más importante: que Dios mismo cree en ellos y que tiene expectativas de bien para sus vidas, mucho más altas de las que ellos se podrían imaginar. Dios cree en esta generación y nosotros como líderes tenemos la gran responsabilidad de opinar lo mismo que Él.

¿DE QUÉ FORMAS PUEDES DEMOSTRARLES QUE CREES EN ELLOS?

1. Invierte tiempo en ellos.
2. Sé paciente con ellos cuando veas que el desarrollo o proceso es lento.
3. Delégales responsabilidades y autoridad.

4. Exprésales con palabras lo importante que son para ti.

5. Anímalos a tomar riesgos. Nadie planea ni desea fallar, sin embargo, los fracasos son parte del proceso. Si les enseñamos a no arriesgarse por temor al fracaso, les costará desarrollar plenamente su potencial.

6. Genera un espacio de confianza en donde sientan que no necesitan ser perfectos para que los aceptes.

7. Ofréceles oportunidades de crecimiento y desarrollo.

8. Impúlsalos a perseguir su llamado.

9. Dales nuevas oportunidades aunque te fallen.

10. Trátalos con gracia.

MODELEMOS FAMILIAS SALUDABLES

No tengamos miedo de abrirles las puertas de nuestra casa para mostrarles a nuestra familia. Seamos intencionales en modelar delante de ellos relaciones de noviazgo, matrimonio y familia que puedan ser un ejemplo y una inspiración para ellos.

Como líderes, tengamos noviazgos en pureza y santidad. Recordemos que ellos nos están observando y tratarán de imitarnos en el futuro.

Algunos adolescentes no conocen lo que es vivir en un hogar en donde haya respeto entre sus padres. Nunca los han visto tratarse bien, amarse ni admirarse. Todo lo que han observado son ejemplos de violencia verbal, emocional y física. Les da pánico pensar en la idea de que en el futuro tengan que formar una familia y casarse porque piensan que les espera lo que han visto en la vida de sus padres.

Cuando te sea posible, invítalos a tu casa para que vean cómo eres en la vida real: cómo te comportas con tus hijos, cómo se tratan entre ustedes como adultos, cómo se aman y sirven al Señor juntos como familia.

OREJOTAS

«Una persona aburrida es la que habla cuando deseas que te escuche». Ambrose Bierce.

1. **Compromete toda tu atención cuando estés con ellos**
   Míralos a los ojos. No simules estar escuchando y de vez en cuando decir alguna palabra como

para hacerles pensar que les estás prestando atención. No sé si te pasa a ti, pero todavía estoy aprendiendo a ser alguien que escucha a los demás. Es un regalo que les hacemos cuando les prestamos atención y tenemos la disposición de escucharlos sin interrumpirlos y, por supuesto... los dejamos terminar. Dales tiempo para que se expresen. Una vez más, pongamos un freno en nuestra boca cada vez que nos den ganas de interrumpirlos. Demostremos autocontrol y los veremos crecer.

2. **Relájate y actúa normal**
A veces solemos tomar una postura «espiritualoide» cuando estamos con ellos. Ponemos una mirada incisiva como diciéndoles: «Estoy leyendo tus pensamientos». Las charlas profundas a menudo comienzan hablando sobre asuntos comunes de todos los días. No vayas rápido y directo a lo profundo, sino tómate todo el tiempo necesario. No fuerces la situación. Recuerda que las buenas conversaciones empiezan como diálogos normales.

3. **Aprovecha las ventanas al corazón**
Generalmente, cuando iniciamos un diálogo

con ellos, nos encontramos con respuestas monosilábicas. ¿Te ha sucedido? Sin embargo, necesitamos estar atentos cuando un adolescente está tratando de llamar nuestra atención o nos demuestra una apertura. Esa puede ser una ventana abierta a un diálogo provechoso. Por ejemplo, algunas veces me han preguntado: ¿crees que tengo lo que se necesita? ¿Crees que soy bueno para esto? ¿A ti te pasaba esto en la escuela? Esas son ventanas de oportunidad que no debemos desaprovechar.

4. **Sé transparente**

No podemos pretender que ellos sean transparentes con nosotros si nosotros no lo somos. Comencemos mostrándoles el camino y hablándoles abiertamente de nuestras luchas, dudas, fracasos y fallas. Eso les va a predisponer a ser transparentes en sus conversaciones. Seamos abiertos y seamos los primeros en mostrarnos vulnerables.

5. **Haz preguntas estratégicas**

El poder de una pregunta reside en que colocas la pelota en el campo de juego del adolescente y le das espacio para reflexionar. Muchas veces Jesús utilizó esta metodología para instruir a sus discípulos: respondía a sus preguntas con otra pregunta. No te apresures a contestar. Las respuestas fuertes y definitivas, por lo general, enmudecen el sentir del corazón.

6. **Algunos disparadores de conversaciones interesantes pueden ser:**
«¿Qué preguntas imaginas que tus amigos pueden tener? ¿Cuál ha sido tu mejor momento del día? ¿Cuál ha sido el peor? ¿De qué forma has visto obrar a Dios? ¿Hay algo que harías diferente si tuvieras otra oportunidad?».

7. **Mantente inmutable**
No me malentiendas. No te estoy hablando de no desarrollar empatía sino de mantenerte calmo aun cuando escuches algo que nunca pensaste que le pudiera estar sucediendo a ese adolescente en particular, o simplemente cuando te comenten algo tan grande que te haga sentir abrumado. Promueve siempre un ambiente de calma, confianza y aceptación a través de tus gestos y palabras. A menudo ellos piensan que son los únicos que están luchando con esa situación. El hecho de responderles con gracia y comentarles

que otros también están atravesando por lo mismo, puede ser de gran ayuda para ellos.

8. **Espera un progreso**
Me ha sucedido muchas veces que en la primera charla con un joven no sentí que hubiera podido llegar a su corazón. Si esto te sucede, no te desanimes. Generalmente, a medida que nos ganamos su confianza, comenzarán a expresarse y a soltarse en futuras ocasiones. También es muy valioso darle un seguimiento a la charla. Aprovecha la tecnología y envíales un mensaje que diga algo así como: «He estado orando por lo que me comentaste» o «Seguimos la charla la próxima semana». Recuerda que nuestro trabajo con ellos no es una carrera de cien metros, sino una maratón. Al mismo tiempo evitemos la tentación de querer ser los sabelotodo que promovemos que los adolescentes dependan siempre de nosotros. Más bien, asegurémonos de que los conducimos a Jesús en todo momento.

2
EL SECRETO DE LA IDENTIDAD

Conocer el largo proceso de formación de la identidad es fundamental para los mejores líderes de adolescentes. Según la ciencia, mucho de esto tiene que ver con el desarrollo del cerebro. Al inicio de la adolescencia, el pensamiento sigue siendo infantil y concreto, de modo que no pasarán mucho tiempo reflexionando sobre su identidad personal. Es posible que el chico que cursa estudios intermedios se pregunte de manera intuitiva con sus conductas y actitudes: «¿Quién soy?», aunque aún no sea consciente de ello. En esta etapa, las mayores necesidades de un hijo consisten en sentirse confirmado y rodeado de adultos seguros y amorosos, y en ver sus elecciones y su vida protegidas por los límites adecuados.

EL CEREBRO ADOLESCENTE Y LA FORMACIÓN DE LA IDENTIDAD

Alrededor del noveno grado, exactamente cuando el cerebro empieza a pasar del pensamiento concreto al abstracto y a la conciencia, ellos comenzarán a mostrar expresiones de compromiso adulto e identidad materializada. Sin embargo, debemos saber que también es posible que veamos muchas conductas inmaduras. Este es uno de los aspectos más confusos a la hora de trabajar con los adolescentes. Algunas veces te sorprenderán con una madurez como la de un adulto, y al mismo tiempo te asombrarás con alguna actitud o conducta que demuestre totalmente lo contrario.

Años atrás los investigadores creían que la madurez social y cognitiva se alcanzaba al comienzo de los veinte años o a finales de la etapa adolescente. Hoy la comunidad académica en líneas generales está de acuerdo en que el desarrollo de la vida ha cambiado tanto en las últimas décadas, que recién a mitad o a finales de los veinte un joven comienza a pensar y actuar como adulto. En la actualidad hay evidencia científica de que toma diez años (entre los quince y los veinticinco) para que el cerebro complete el proceso y llegue a una adultez física integral. Debido a esto muchos de nuestros jóvenes ya están en sus veinte y todavía no han definido sus proyectos de vida.

COMO LÍDERES, NUESTRA TAREA CONSISTE EN SABER QUE TODA ESTA CONDUCTA CONFLICTIVA, INCOHERENTE Y CONFUSA ES LA FORMA QUE LOS ADOLESCENTES TIENEN DE DESCUBRIR QUIÉNES SON.

El proceso de desarrollar una identidad fuerte e integrada es largo y difícil en el mundo complejo de hoy.

Como líderes, nuestra tarea consiste en saber que toda esta conducta conflictiva, incoherente y confusa es en realidad la forma que los adolescentes tienen de descubrir quiénes son y de asumir los compromisos que los conduzcan a ser las personas que ellos desean.

Investigaciones relativamente recientes del Weill Cornell Medical College en relación al cerebro adolescente, nos ayudan a entender la predisposición que ellos tienen hacia la búsqueda de actividades que les produzcan:

1. **Entusiasmo** - El hecho de hacer algo por la emoción que les genera hacerlo.

2. **Novedad** - La búsqueda por encontrar y expresar su identidad única.

3. **Riesgo** - El desafío de explorar un territorio nuevo para obtener resultados desconocidos.

4. **Conexión** - El desarrollo de relaciones y vínculos sociales con sus pares.

La mayoría de los adolescentes persiguen estos cuatro objetivos. ¿Por qué? A medida que su cerebro se forma (entre la infancia y la edad adulta), se está preparando para vivir la vida por su cuenta, sin la red de seguridad de mamá y papá. Su cerebro naturalmente los empuja a explorar sus dones, a ver en dónde encajan mejor en el mundo, con quiénes quieren conectarse y cómo lo harán por sí mismos.

Cuando nosotros, como padres y líderes, dejamos de ser intencionales en ayudarles en esto, ellos encuentran formas falsas de apaciguar ese deseo de emoción, novedad, riesgo y conexión:

1. **Entusiasmo:** En lugar de aprovechar este impulso para explorar nuevas oportunidades de utilizar sus habilidades, muchos lo satisfacen con un anillo en la nariz, o subiéndose a una montaña rusa.

2. **Novedad:** En lugar de descubrir sus fortalezas y contribuciones únicas, muchos satisfacen este deseo utilizando un tipo de vestimenta llamativo y cortes de cabello extravagantes.

3. **Riesgo:** En lugar de tomar desafíos significativos que los preparen para la edad adulta, satisfacen este deseo frente a las pantallas de los dispositivos electrónicos y en los videojuegos.

4. **Conexión:** En lugar de moverse hacia las relaciones cara a cara, muchos satisfacen esta necesidad a través de las redes sociales.

Por favor, no me malinterpretes. Esto no significa que cualquiera de las falsificaciones anteriores sea mala (yo utilizo las redes sociales y los dispositivos tecnológicos). Simplemente estoy diciendo que hay maneras reales y significativas de responder a la búsqueda y a la necesidad de crecer que tiene nuestro cerebro, y que a veces nos conformamos con los sustitutos artificiales.

¿QUIÉN SOY?

La psicóloga Joyce Brothers dice que *«la autoimagen de un individuo es el núcleo de su personalidad. Afecta todo aspecto de su comportamiento, su habilidad de aprender, su habilidad de crecer y cambiar; aun afecta su decisión en cuanto a sus amigos, cónyuge y carrera. No es una exageración decir que una autoimagen positiva es la mejor preparación para el éxito en la vida».*

Esta es la manera en que muchos adolescentes piensan con respecto a sí mismos:
«Parece que todos saben quién soy y me lo repiten todo el tiempo. Mi mamá me dice que soy un «buen hijo». Mi papá me dice que soy un perezoso, aunque también me ve condiciones para los deportes. Los maestros de la escuela opinan que soy inteligente, pero que solo estudio para zafar y no para sobresalir». Mis amigos piensan que soy divertido. Mis amigas creen que soy tímido. Y yo me estoy convenciendo de que soy todo eso que ellos dicen y al mismo tiempo nada de todo eso. Para que nadie se ofenda, trato de adaptarme a cada grupo según lo que ese grupo pretenda de mí. Pero me doy cuenta de que no puedo satisfacer a todo el mundo, y lo más importante, todavía no logro descubrir «quién soy». Soy todo para todo el mundo y nadie para mí».

Los adolescentes no se conocen completamente a sí mismos todavía, aunque lo desean con desesperación.

Quieren saber acerca de sus dones, personalidad, habilidades e intereses. De dónde han venido y hacia dónde van. Dónde pertenecen, a qué grupo, ciudad, carrera o relación íntima; lo que creen y la manera en que esto afecta su vida. En resumen, están luchando por formar su identidad.

LA ESPIRITUALIDAD DE LA IDENTIDAD

«*Mas a cuantos lo recibieron, a los que creen en su nombre, les dio el derecho de ser hijos de Dios*». Juan 1:12 (RVR1960)

Henri J. M. Nouwen, un escritor muy querido y un respetado profesor de consejería pastoral, debatió extensamente sobre la espiritualidad de la identidad. Él reflexionó acerca de que todas las personas se ven acosadas por una única pregunta a lo largo de sus vidas: «¿Quién soy?».

Y hay tres formas en las que intentamos responder a esa pregunta:

- «Soy lo que hago».
- «Soy lo que controlo».
- «Soy lo que otros opinan sobre mí».

Todas estas respuestas resultan inadecuadas e incluso destructivas ya que ni los logros, ni los fracasos, ni la opinión de los demás define realmente quiénes somos.

Para Nouwen, la respuesta a «quién soy» es el mensaje de Jesús y la Biblia. Hemos sido creados, redimidos y llamados a vivir como hijos preciosos y amados por Dios.

Los adolescentes pueden ser buenos en muchas cosas y darte grandes alegrías a medida que su personalidad se va desarrollando y se convierten en alguien con mucho para ofrecer al mundo. Sin embargo, debajo de los dones, talentos y habilidades, todos y cada uno de los chicos son más que la suma de sus capacidades y su personalidad. En lo más profundo, cada uno de ellos es un amado hijo de Dios.

Es por esto mismo que nosotros no debemos valorarlos según sus talentos, dones, habilidades, comportamientos o porque son buenos para hacer ciertas cosas, porque Dios no los valora de acuerdo con eso. Nosotros entendemos que son hijos amados de Dios y en eso yace su valor.

Si los adolescentes pueden verse a sí mismos como Dios los ve, tendrán una autoestima saludable. Aquello que ellos creen de sí mismos y cómo se ven a sí mismos, en gran medida será determinante en lo que harán con sus vidas.

Cada joven se descubre a sí mismo cuando se encuentra con Dios y comprende lo que Dios dice y espera de él. Todos aquellos que son hechos hijos de Dios cuentan con los derechos y privilegios de un hijo. Cuando los adolescentes entienden y experimentan esta verdad, pueden crecer en su autoestima, mejorar la imagen que tienen de sí mismos y desarrollar una vida de devoción y amor a Dios.

Cada uno de los adolescentes que está bajo nuestro cuidado es único, especial, y tiene un llamado específico. Dios se ha tomado el tiempo de formarlos y pensarlos para este tiempo de la historia. La manera en que ellos van a disfrutar de su caminar con Jesús en esta vida y van a poder funcionar en su máxima expresión, es descubriéndose a sí mismos en Dios. De esa manera llegarán a ser la mejor versión de sí mismos. Nuestro trabajo y aporte en ese proceso es esencial. Todo debe trabajar en pos de ese objetivo: desde las actividades y programas que realizamos, pasando por el material que les enseñamos y, por supuesto, la referencia irreemplazable de las Escrituras.

SON AMADOS INCONDICIONALMENTE

«Pero Dios, que es rico en misericordia, por su gran amor por nosotros, nos dio vida con Cristo, aun cuando estábamos muertos en pecados. ¡Por gracia ustedes han sido salvados!». Efesios 2:4-5 (NVI)

Crear una cultura de amor incondicional impulsa a los adolescentes a la salud emocional y moral.

La demostración más grande del amor de Dios por nosotros es su amor sacrificial. Si deseamos ayudar a nuestros adolescentes a tener una buena imagen de sí mismos, llevémoslos a la comprensión de que el amor de Dios hacia ellos no se fundamenta en quiénes son, sino en quién es Él.

La Biblia dice claramente que Dios no tiene amor, sino que es amor; y ese amor no está limitado por el comportamiento de nuestros jóvenes, sino que se fundamenta en lo que Dios ya ha hecho por ellos. Dios no los ama por lo que hacen, Dios los ama por lo que son. Es un amor que no demanda aprobación previa. Nada de lo que ellos hagan pondrá en riesgo el amor del Padre por ellos.

Nada desalienta más a los adolescentes en el camino de la fe que el sentimiento de culpabilidad que los lleva a desconectarse de su relación con Dios a causa de sus fracasos y errores. Sienten que Dios no podrá perdonarlos por lo que han hecho. Debemos ayudarlos a comprender que Dios, en esencia, es perdonador y que cuando confesamos nuestros pecados y nos arrepentimos, él nos perdona y olvida nuestras fallas. El profeta Jeremías dijo de parte de Dios: *«Ya no tendrá nadie que enseñar a su prójimo, ni dirá nadie a su hermano: '¡Conoce al Señor!', porque todos, desde el más pequeño hasta el más grande, me conocerán —afirma el Señor—. Yo les perdonaré su iniquidad, y nunca más me acordaré de sus pecados».* Jeremías 31:34 (NVI)

Con respecto a esto, nuestras acciones de amor incondicional pueden hacer la gran diferencia en la vida de ellos, ya que les ayudará a acentuar su fe y confianza en un Dios de amor.

Lo que lleva a los jóvenes a tomar decisiones, en ocasiones hasta en contra de sus propios valores y convicciones, es el deseo de ser aceptados y de recibir la aprobación de sus amigos, una de las marcas que definen la adolescencia. Cuando lidian con una baja autoestima, caen presos de la trampa de las comparaciones. Pasan tiempo pensando que otras personas se ven mejor, son más inteligentes, más talentosas o que tienen mejores cosas que ellos, lo cual empieza a formar una imagen pobre de sí mismos. Siempre encontrarán otros jóvenes que tengan cosas que ellos no tienen. Pero si tienen el corazón sano y una buena imagen de sí mismos, aprenden a aceptar, apreciar y dar gracias porque Dios los ha hecho únicos y especiales.

¿CÓMO LES AYUDAMOS A DESCUBRIR SU PROPÓSITO EN DIOS?

A continuación, te dejo una serie de preguntas que puedes plantearles para ayudarlos en el proceso de conocerse mejor:

1. **HABILIDADES NATURALES:**
   ¿Qué habilidades posees?
   Dentro de cada uno de nosotros Dios depositó habilidades innatas. Algunas son más difíciles de descubrir que otras. Enumera algunas habilidades que sabes que tienes. Si analizas las actividades de las que participas, ¿cuáles realmente dan fruto? ¿Qué parece fluir de manera natural para ti? ¿Para qué cosas eres bueno y obtienes resultados? (Éxodo 31:1-11).

2. **DONES ESPIRITUALES:**
Cada creyente tiene dones espirituales. En Romanos 12:6-8 encuentras una lista de dones espirituales. También hay otros en Efesios 4:10-11, 1 Corintios 12:4-11 y 1 Pedro 4:10-11. De acuerdo a estas listas, ¿qué dones consideras que posees?

3. **SUEÑOS:**
¿Qué es eso que intentarías hacer si supieras que no vas a fallar? ¿Has recibido alguna visión o sueño de parte de Dios? ¿Qué te ha dicho Dios de manera recurrente a través de su Palabra?

4. **FORTALEZAS:**
¿Qué dicen tus amigos cercanos y la gente que te conoce acerca de ti?
A veces estamos demasiado cerca de nuestra propia situación como para verla objetivamente. Escucha a tus amigos y a adultos maduros que te conocen bien y que conocen bien a Dios. ¿Cuáles son tus fortalezas según ellos?

5. **CAUSA:**
¿Qué convicciones estás dispuesto y comprometido a perseguir?
¿Hay algunos asuntos que arden dentro de ti?
¿Hay alguna causa en la que crees y piensas que

alguien debería hacer algo al respecto? ¿Qué gente o grupo de personas te produce un profundo deseo de ayudar?

6. **PLENITUD Y SATISFACCIÓN:**
¿Qué cosa disfrutas profundamente hacer? ¿Puedes identificar aquellas actividades que te producen el más profundo sentido de satisfacción? ¿Qué te hace sentir vivo? ¿Qué cosas harías aunque nadie te pague por hacerlo?

7. **EXPERIENCIAS Y OPORTUNIDADES:**
¿Cuáles son tus oportunidades actuales? ¿Qué oportunidades has tenido y has aprovechado? ¿Qué experiencias significativas has tenido y te han convertido en la persona que eres hoy? Romanos 8:28.

Ahora guíalos a llegar a una conclusión respondiendo lo siguiente: ¿ves algún patrón que se repita? ¿Hay algunos pensamientos o asuntos que son recurrentes? De acuerdo a tus respuestas, ¿podrías armar una especie de lista con tu misión y visión en la vida?

Esta podría ser una pista para ayudarlos a descubrirse a sí mismos y también descubrir el plan de Dios para ellos.

3
EL SECRETO DE LA FE PERSONAL

Un amigo solía decir que «Dios no tiene nietos, sino hijos». Uno de los grandes desafíos que tenemos como líderes es ayudar a nuestros muchachos y chicas a dejar de depender de la fe de otros adultos y desarrollar su experiencia de fe, propia y personal.

Cuando les preguntamos acerca del significado de la fe, la mayoría de los adolescentes responden que se trata de una fuerza o puerta de escape que utilizan en algún momento de necesidad especial. El no tener claridad acerca de lo que es la fe y de cómo pueden utilizarla en su vida diaria, trae una confusión tal que lleva a muchos jóvenes a abandonarla en momentos difíciles o cuando han tomado decisiones equivocadas. Debido a esto, les cuesta confiar en Dios en cada área de sus vidas, y muchos de ellos están permanentemente inseguros acerca de su salvación.

¿QUÉ DESTRUYE LA FE DE LOS ADOLESCENTES?

En primer lugar, cuando un adolescente comete un error de tipo moral, ético o relacional, es confrontado automáticamente por un sentido de culpabilidad. Solo encuentra dos formas de deshacerse de ella: pedir perdón y cambiar su comportamiento o simplemente cambiar su sistema de creencias y adaptar su nuevo comportamiento al mismo. ¡Cambiar lo que creen es mucho más fácil que cambiar su comportamiento! La fe está arraigada en fundamentos muy frágiles cuando se basa en la conveniencia en lugar de en las convicciones.

El segundo factor que atenta contra la fe de los jóvenes es la falta de explicación que encuentran a sucesos trágicos o inesperados en sus vidas. Es decir, cuando repentinamente llegan situaciones adversas o dolorosas y, al parecer, no están de acuerdo con la interpretación que ellos tienen del carácter de Dios. En otras palabras, ¿cómo puede un Dios bueno permitir que algo tan malo les esté sucediendo? Casualmente, hoy en la mañana, estaba escuchando a un joven que estaba compartiendo públicamente el dolor que trajo a su vida el enterarse que su papá estaba padeciendo de cáncer. En ocasiones anteriores, antes de saber que su padre estaba enfermo, él había mencionado que si alguna vez su padre llegaba a padecer de cáncer (como lo habían padecido sus tíos, abuelos y otros seres queridos que habían muerto a consecuencia de esta enfermedad), él abandonaría su fe y dejaría de creer en Dios.

En ambos casos, cuando la fe está basada en situaciones circunstanciales que proceden de decisiones, sentimientos o emociones, lo que se ve y experimenta en el momento hace que esta tenga raíces frágiles que fácilmente son destrozadas en momentos de tensión o por el paso del tiempo. Es un tipo de fe circunstancial, dependiente de la capacidad de interpretar la realidad que ellos están viviendo y que no durará en el tiempo. Esto sucede también porque el marco de referencia (tiempo del evento o circunstancia) es demasiado corto y se basa en lo momentáneo y, por una cuestión de edad, tienen gran dificultad para ver su situación actual en la perspectiva de toda una vida.

DE LA FE CIRCUNSTANCIAL A UNA FE QUE MIRA EL CUADRO COMPLETO

Una de las historias más fascinantes de la Biblia es la que encontramos en Génesis desde el capítulo 37 al 40. La historia de José. Tiene solo 17 años cuando recibe una visión de parte de Dios para su vida. Desde el primer momento, comienza a atravesar una serie de situaciones adversas, algunas de ellas motivadas por su orgullo adolescente y otras que ponen a prueba su carácter. Otras veces es olvidado por algunas personas en las que él había confiado, y así podríamos seguir por los siguientes 17 años de su vida que son narrados en la Biblia, en los que el carácter de José es probado una y otra vez.

Si analizamos parcialmente el cuadro de la vida de José, podemos pensar que Dios se olvidó de él, o que tomó varias decisiones fuera de la voluntad de Dios y por eso no le estaba yendo nada bien. Sin embargo, sabemos que el hecho de que las cosas no estén saliendo como él piensa que deben suceder, no significa que Dios lo haya olvidado sino que, simplemente, su carácter está siendo moldeado y que, finalmente, Dios le llevará al cumplimiento de su propósito y toda una nación será salvada de la calamidad gracias a él.

> **ES DE VITAL IMPORTANCIA ENSEÑARLE A ESTA GENERACIÓN A PERSEGUIR UN SUEÑO MÁS GRANDE QUE SUS PROPIAS VIDAS.**

Si miramos paso a paso su historia veremos que sufrió violencia, abandono, soledad, decepción y tentaciones sexuales. Sin embargo, cuando miramos el cuadro completo o el trayecto total de su vida, llegamos a la conclusión de que el no dejarse apabullar por las situaciones contradictorias circunstanciales que experimentó le llevó a desarrollarse y transformarse en uno de los hombres más poderosos de su época.

Como mencionamos antes, José se enfrentó a situaciones que tuvieron que ver con su parte ética y moral, como cuando huyó corriendo de la mujer de Potifar, quien quería tener relaciones sexuales con él (Génesis 39:1-23). Me gusta resaltar que, frente a este momento de decisión, él dice: «No puedo acostarme con esta mujer y fallarle a su esposo que me ha puesto como señor de todo lo que él tiene. No puedo decepcionar a este hombre que ha confiado en mí y que tiene expectativas buenas conmigo y tampoco puedo decepcionar a Dios, que me ha dado una visión y un propósito mucho más grande que el placer momentáneo que puedo lograr cediendo a esta tentación». Si vamos al contexto de lo inesperado, aunque él está tomando las decisiones correctas y está tratando de obedecer a Dios, termina preso como resultado de esta buena decisión. Una y otra vez vemos que la tragedia, la dinámica de lo impensado, tiene una cita permanente con José y que, sin embargo, él logra superar cada etapa y avanzar hacia su llamado.

Es de vital importancia enseñarle a esta generación a perseguir un sueño más grande que sus propias vidas y ayudarlos a ver que los planes de Dios para ellos son más grandes que cualquier engaño o promesa vacía de placer momentáneo que el enemigo tenga para ofrecerles. Debemos enseñarles que su fe no debe ser circunstancial, y que ella será probada y purificada por las experiencias de la vida con la finalidad de que pueda sostenerlos durante todo su caminar hacia la madurez.

¿EN QUÉ DEBE ESTAR FUNDAMENTADA LA FE DE LOS ADOLESCENTES?

Por supuesto que la respuesta es Jesucristo. La única persona en la que ellos pueden, de seguro, poner toda su confianza. Debemos apuntar la fe de los jóvenes a la persona de Jesús y, especialmente, dar respuesta a las preguntas «quién es él» y «qué ha hecho por nosotros». Confiamos en Jesús porque Él es el hijo de Dios, Él es Dios. En los primeros tres capítulos del libro de Hebreos encontramos evidencia de esto: el resplandor de la gloria de Dios y la imagen de quién es Él, que siendo semejante a Dios, caminó entre nosotros siendo hombre. Dio pruebas y evidencias de quién era. Fue tentado en todo, tomó nuestros pecados y murió en la cruz por nosotros, se levantó de entre los muertos, ascendió a los cielos y, haciendo todo esto frente a una multitud de testigos, ahora está sentado a la diestra del Padre.

Cuando la fe de nuestros jóvenes está centrada en la persona de Jesús, si Él realmente es quien dice ser, entonces no debemos preocuparnos de que algo malo nos suceda. Ellos tienen un sumo sacerdote que los entiende porque fue tentado en todo (Hebreos 4:14-16).

Tenemos a Jesús, quien es el sumo sacerdote y consumador de nuestra fe, que pasó por diferentes situaciones que nos ayudan a comprender que Él puede entender cada una de nuestras circunstancias porque Él mismo pasó por ellas. Los adolescentes pueden aprender a abrirse en el momento de dificultad y dolor sabiendo que encontrarán comprensión y misericordia en cada situación.

Jesús mismo experimentó, entre otras cosas:

- Rechazo (Mateo 13:53-58)
- Tentación (Mateo 4:1-11)
- Miedo (Mateo 26:39)
- Abandono (Mateo 26:56)
- Soledad (Mateo 27:46)
- Tristeza (Mateo 26:38)

Así que nada de lo que los jóvenes puedan sentir tomará a Jesús por sorpresa o hará que piense: «¿Cómo pudiste hacer eso?» o «¡Nunca imaginé que fueras capaz de hacer lo que hiciste!».

Su misericordia está disponible para cada uno de nosotros. Todo esto ayuda a incrementar la confianza de los jóvenes en un Jesús que les comprende.

La fe de nuestros adolescentes se debe fundamentar en las promesas que Dios nos da en su palabra. Una buena definición de fe auténtica podría ser: «Fe es creer que Dios es quien dice ser que es, y es capaz de hacer todo lo que ha prometido hacer». La fe de los jóvenes no puede estar centrada en ellos mismos, en sus amigos ni en sus pastores, porque si esto es así, en algún momento se decepcionarán y correrán en sentido contrario a Dios. La confianza de ellos debe estar en las promesas absolutas y en el carácter inmutable de Dios y, para afirmar las primeras, debemos conducir a nuestros adolescentes a la lectura de la Biblia. Debemos buscar formas creativas de ayudarlos a conocer las cientos de promesas de Dios para sus vidas.

¿CÓMO LOS AYUDAMOS A SEPARAR LAS PROMESAS DE LAS EXPECTATIVAS PERSONALES?

Muchas veces las expectativas de los adolescentes no se cumplen y tienden a pensar que Dios los decepcionó. Tenemos que enseñarles a separar las expectativas personales de aquellas cosas que Dios ha prometido hacer. La vida de José estuvo plagada de dificultades, sin embargo, en cada una de ellas pudo ver la mano de Dios, su favor y misericordia acompañándolo, dándole fuerzas, librándolo de formas excepcionales y, más aún, dándole un grado de favor superior delante de los hombres. No estoy diciendo que esto sea fácil de llevar a cabo en la práctica; sin embargo, muchas veces dialogando con adolescentes podemos ver que cuando lo que esperan no sucede o no se da como ellos desean, caen en la decepción y en el descreimiento.

No podemos enseñarles que la fe es algo que pueden utilizar para modificar la postura de Dios con respecto a algo. Que las cosas no se den de acuerdo a las expectativas que tienen los jóvenes no significa que estas estén fuera de la voluntad de Dios o que ellos estén pecando. Simplemente, como vemos en la historia de José, algunas cosas no sucedían de acuerdo a lo que él esperaba porque Dios lo estaba guiando hacia Su propio propósito, lo cual no significa que el camino estuviera libre de contratiempos ni situaciones difíciles. A veces no tendrán la respuesta que esperan, las cosas no saldrán de acuerdo a sus deseos personales; sin embargo, podemos estar seguros de que, aun en esos momentos, Su gracia y misericordia actuarán en beneficio de ellos.

A veces llevamos a los adolescentes a pensar que la fe es tener la seguridad de que si deseas demasiado algo, entonces lo tendrás. Esta idea no es ni siquiera bíblica. Por ejemplo, cuando vemos un juego electrónico en Amazon y lo compramos, tenemos el deseo de poder recibirlo pronto en nuestro correo. Sin embargo, lo que nos asegura que ese producto está en camino es el correo electrónico que recibimos con la confirmación de compra y el número de la orden que acabamos de realizar. Así pasamos del deseo a la promesa; ese correo nos confirma que ahora sí, el videojuego está en camino y que finalmente llegará. La promesa te llevará de solo tener un pensamiento de deseo a tener fe. El puente que une el deseo a la fe es la revelación de Dios, las promesas increíbles que están en su Palabra y en las cuales podemos confiar plenamente. Dios es un padre bueno que desea bendecirnos y concedernos los deseos de nuestro corazón.

«Deléitate en el Señor, y él te concederá los deseos de tu corazón». Salmos 37:4 (NVI)

GUIARLOS A LA OBEDIENCIA POR AMOR

El amor de Dios por ellos no está determinado por su comportamiento, es incondicional.

A veces reducimos al cristianismo a una lista de cosas que nos están permitidas hacer y de otra lista de cosas que NO podemos hacer.

El filósofo Dallas Willard desarrolla una idea que resume la manera en que muchos de nosotros pensamos acerca de la fe. Él lo llama «el evangelio de manejo de pecado» y comenta que no podemos reducir el mensaje del evangelio simplemente a un manual de manejo de pecado, o sea a cumplir con esas listas de lo que NO podemos hacer. Lo que debemos lograr es llevar a nuestros jóvenes a que, a través de la Biblia, puedan descubrir y afirmar una visión integral de la vida. En otras palabras, instarlos a que la fe no sea pensada únicamente como un arma de resolución de conflictos que tengan que ver con el pecado, sino a utilizar la fe para tener una visión integral de sus vidas. Yendo un paso más adelante, en la Biblia no encontramos una lista de cosas que Jesús NO hizo, sino todo lo contrario. Animemos a los adolescentes a practicar la fe del SÍ, que es lo que Dios sí desea y nos pide que hagamos.

Los adolescentes necesitan descubrir lo que significa confiar en Jesús, y nuestro objetivo deber ser ayudarlos a que comprendan que la obediencia es una respuesta a esa confianza. La palabra griega para «fe» es *pisteúo*. En el Nuevo Testamento *pisteúo* puede traducirse con tres palabras diferentes que están muy relacionadas entre sí: «fe», «creer» y «confiar». En resumen, una forma en que los chicos pueden entender la fe es a través de las siguientes preguntas: ¿en quién puedo poner mi confianza? ¿Confío en mis instintos, deseos, convicciones o en Jesús?

Los discípulos le hicieron la siguiente pregunta a Jesús:

«—¿Qué tenemos que hacer para realizar las obras que Dios exige? —le preguntaron.

—Esta es la obra de Dios: que crean en aquel a quien Él envió —les respondió Jesús».

Juan 6:27-29 (NVI)

En vez de una lista de cosas que «debemos hacer», Jesús responde que lo que necesitamos es «confiar» en que Él es el hijo de Dios. Esta palabra «crean» que aparece en el verso 29, es *pisteúo*. Nuestro cristianismo no se debe fundamentar en el hacer sino en el confiar en Jesús.

En Gálatas 5:6 (NVI) Pablo señala algo similar: *«En Cristo Jesús de nada vale estar o no estar circuncidados; lo que vale es la fe que actúa mediante el amor».* Él no está interesado en relacionarse con nosotros por medio de rituales o intentos por subir la escalera de la justicia propia, sino más bien debemos acercarnos a Jesús para que, por medio de ese incremento de nuestra confianza en Él, podamos practicar una fe fundamentada en el amor. Debemos llevar a los jóvenes a la convicción de que obedecemos porque amamos, no somos amados porque obedecemos.

En Gálatas 5:6 (NVI) Pablo dice*: «Nosotros, en cambio, por obra del Espíritu y mediante la fe, aguardamos con ansias la justicia que es nuestra esperanza».* Entonces, ¿cómo profundizamos nuestra confianza? ¡Acercándonos a Jesús! No basta solo con saber que tenemos el Espíritu Santo que nos ayuda en todo obrando a nuestro favor, sino que también el sentirnos cercanos a Jesús a través de nuestra confianza en Él, nos ayuda a obedecerlo por amor. Muchas veces les enseñamos a los jóvenes la importancia de las disciplinas espirituales (orar, ayunar, hacer un devocional, etc.). Pero las disciplinas espirituales no nos hacen justos porque las practiquemos, sino que más bien nos conducen a confiar y depender más plenamente en Jesús. Si nosotros o nuestros adolescentes estamos leyendo la Biblia porque pensamos que de alguna manera esto nos va a hacer más justos, estamos diciendo que no necesitamos que Dios nos cambie. El enfoque correcto es confiar en Dios, y Él nos promete trabajar con nosotros en todo el proceso. Él fortalece nuestra confianza, y nos da paz y paciencia mientras produce un cambio interno en nosotros.

FE PARA LA VIDA DIARIA

Nuestra labor en este proceso de acompañar a los adolescentes es un camino de doble vía. Por un lado, les ayudamos a que aprendan a confiar en Jesús y a que ellos mismos formen una atmósfera en donde puedan explorar la fe y la confianza mientras practican la libertad que tienen en Cristo para responder en amor. Por otro lado, les modelamos un amor incondicional, que no los juzga y que siempre los acepta, de manera que entiendan que no pueden hacer nada que ponga en riesgo o reduzca ese amor. Con respecto a estas dos cuestiones, debemos llevarlos desde las simples creencias a las fuertes convicciones. Necesitan crecer en su experiencia de relacionarse con Cristo, quien es la verdad en persona, de modo que puedan creer en su corazón y tener un encuentro racional con la evidencia de esa verdad para así entender con su mente por qué creen lo que creen. Uno de los grandes desafíos que tenemos en nuestros grupos de jóvenes es el de una enseñanza bíblica profunda, que ayude a nuestros jóvenes a desarrollar una fe activa, una fe mediante la experiencia.

¿QUÉ SUCEDE CUANDO ELLOS INTEGRAN LA CONFIANZA EN JESÚS CON SU VIDA DIARIA?

Las experiencias espirituales y el estar involucrados en una comunidad de fe son fundamentales en la integración de la fe a sus vidas porque:

- Ven a Dios más activo, involucrado e importante en el día a día de la realidad que viven.

- La confianza de sentir a Jesús cerca en medio de sus luchas cotidianas o cuando enfrentan situaciones adversas, hace que vean a Dios más grande y activo en sus vidas e involucrado en sus experiencias.
- Desarrollan un mayor sentido del poder y de la soberanía de Dios sobre sus vidas y situaciones externas, lo que les permite observar su relación con Dios a la vista de esos atributos.
- Tienen una mayor percepción del amor, la gracia y la fidelidad de Dios.
- Tienen una mayor certeza de la realidad de que Dios está cerca y de que Él quiere lo mejor para ellos, sin condenarlos por sus errores.

Tenemos que creer que el que comenzó en ellos la obra, la va a perfeccionar y, en definitiva, no somos nosotros los que producimos los cambios ni la transformación. La obra la hace el Espíritu Santo en cada una de sus vidas.

4
EL SECRETO DE LAS DIFICULTADES

Nuestra gran meta es parecernos a Jesús. Ser transformados y conformados a la imagen del carácter de Jesús es el objetivo que perseguimos cada uno de los que hemos respondido a su llamado para nuestras vidas. Alcanzar la madurez no es otra cosa que parecernos a Jesús, pero esto no sucede de la noche a la mañana. Toma tiempo, requiere superar varios desafíos, caminar con Él, escucharlo, darle prioridad a lo que Él quiere para nosotros y morir a nuestros deseos (Filipenses 3:12).

Todo adolescente que va creciendo necesita ser afirmado con palabras tales como: «Eres amado, eres único, tienes dones, eres valioso, eres valorado». Debemos quebrar la desesperanza y desconfianza que reciben a través de mensajes concretos desde el mundo que les rodea y de la cultura en la que están inmersos. Afirmemos sus valores, sentimientos y unicidad.

Animemos a sus padres a que comprendan que esto involucra más que solo decirles que los aman, y demostrarles su amor al proveerles para sus necesidades físicas básicas. Deben mostrarles su amor por medio de caricias, sonrisas, tiempo juntos, palabras gentiles y lo que sea necesario para ayudar a que sientan la cercanía para conectarse con otras personas.

DEMASIADO O CASI NADA

En nuestros grupos nos encontramos con adolescentes con «exceso de recursos» o con «escasos recursos». Algunos tienen demasiados como para actuar independientemente y otros están tan vacíos de recursos y ejemplos que no saben cómo actuar en determinadas situaciones.

No quiero generalizar, ya que en muchos casos en sus familias y en las iglesias los adultos trabajan para que se desarrolle en los chicos la dosis justa de estas dos medidas. Pero la mayor parte del tiempo lidiamos con adolescentes a los que se les ha dado poca atención, que han tenido padres ausentes y que, de alguna manera, han quedado detenidos emocionalmente en alguna etapa previa de sus vidas. Y también encontramos otros a los que se les ha dado demasiado y todo muy fácil: mamá lava la ropa, limpia su cuarto, papá provee para su entretenimiento y todo es tan fácil que no necesitan crecer y no entienden eso de asumir responsabilidades. Ambos extremos son dañinos y un gran número de adolescentes entran en alguna de estas dos categorías.

ENTRENARLOS DESDE UNA PERSPECTIVA SALUDABLE

«*Y no solo en esto, sino también en nuestros sufrimientos, porque sabemos que el sufrimiento produce perseverancia; la perseverancia, entereza de carácter; la entereza de carácter, esperanza*». Romanos 5:3-4 (NVI)

Como líderes y padres lo último que deseamos es que los adolescentes pasen por situaciones en las que experimenten dolor. Sin embargo, el sufrimiento es una de las avenidas principales que recorren los jóvenes para crecer, formar su identidad y madurar. Cuando hablamos de lidiar con el dolor y el sufrimiento no nos referimos a causas extremas, aunque estas acontecen (como por ejemplo la pérdida de un ser querido o una relación rota). Tal vez se trate de situaciones menores como problemas relacionales con sus amigos, cuestiones escolares, la acumulación de actividades, etc.

Todas estas experiencias que van surgiendo en el proceso hacia la vida adulta, son valiosas para ayudarles a descubrir a Dios en medio de ellas. Parte de nuestra labor es justamente esa: enseñarles que encontrarán dificultades. Para esto, debemos prepararlos desde la perspectiva correcta:

1. La vida es difícil.
2. No siempre sucede lo que esperas.
3. Tú no eres lo más importante.
4. La vida no se trata solo de ti.
5. Habrá dificultades y tendrás que aprender a sobreponerte.
6. Las cosas se logran con esfuerzo.
7. Tendrás que ser perseverante.
8. Deberás aprender a lidiar con el sufrimiento y el dolor.
9. Algunas personas te van a decepcionar, no van a actuar como tú lo esperas.

10. Los límites son saludables. Debes saber por qué están ahí y cuál es su propósito.

Es cierto que estas frases parecen un tanto duras y negativas, sin embargo, los adolescentes necesitan oírlas. Por supuesto que son valorados, únicos y amados, pero también necesitan entender que, entrando en su etapa de madurez, desarrollarán su vida en un mundo que es más grande que ellos mismos y que no gira a su alrededor. Enfrentarán dificultades y momentos duros, pero esto les llevará a desarrollar una fe sólida en Jesús que les ayudará a enfrentar y superar cualquier situación por difícil que sea.

TENSIÓN ENTRE LA INFORMACIÓN Y LA EXPERIENCIA

Los adolescentes se enfrentan hoy a dos desafíos que obstaculizan su desarrollo:
por un lado, reciben a temprana edad más información de la que pueden asimilar y, por el otro, son expuestos a experiencias de la vida real más tarde de lo necesario.

En la Grecia antigua se comprendía muy bien este asunto. Ellos utilizaban dos palabras para describir el conocer: *Ginosko y Oida.* Aunque ambas comunicaban la idea de conocimiento, cada una hacía referencia a un tipo diferente del mismo.

Ginosko: ser conscientes de, estar informados, estar familiarizados con.

Oida: percibir completamente y comprender un asunto mediante la experiencia.

Obviamente «*oida*» representa un conocimiento mucho más rico que proviene de una vida de experiencias, de la práctica.

Una se refiere a la información y la otra a una experiencia profunda y auténtica.

Debido a la cantidad de información a la que son expuestos hoy en día, los adolescentes asumen que tienen *oida* (conocimiento experimental y práctico), cuando en realidad solo poseen *ginosko* (conocimiento informativo).

Con tal abundancia de conocimiento, su confianza se eleva pensando que saben más de lo que en realidad conocen, pero solo basado en un fundamento virtual. Sin la experiencia es fácil que el conocimiento los conduzca a conductas y actitudes arrogantes y egocéntricas.

Ginosko sin *oida* es algo hueco, lo cual demora el proceso de los adolescentes hacia la madurez.

Esto despierta un gran debate y nos lleva a los padres y líderes a preguntarnos si están creciendo en forma demasiado lenta o demasiado rápida; si están creciendo rápidamente para obtener información, pero lentamente para llegar a la madurez.

En general los adolescentes de hoy no necesitan de los adultos para obtener información; ellos se valen por sí mismos. Obviamente esa información no siempre es correcta ni adecuada.

De todas maneras, aunque la información sea la correcta, sin la aplicación práctica esa información, por sí sola, no los conduce a la madurez.

¿CÓMO PODEMOS LOS ADULTOS PROMOVER UNA MADUREZ AUTÉNTICA EN LOS ADOLESCENTES?

1. *Proveamos autonomía pero con responsabilidades.*Cuando los adolescentes demandan autonomía, asegurémonos de que al mismo tiempo estamos asignándoles responsabilidades.

2. *Proveamos información y al mismo tiempo alentemos a la aplicación.*
   La sobreabundancia de información sin aplicación produce consumidores y no productores. Cuando un adolescente aprende algo la madurez demanda que este se pregunte: ¿qué acción debería tomar en respuesta a este conocimiento?

3. *Proveamos experiencias que acompañen su estilo de vida híper tecnologizado.*
   Así como ellos están bombardeados constantemente a través de las diferentes pantallas de sus dispositivos electrónicos, asegurémonos de planear experiencias cara a cara a través de las cuales puedan interactuar con gente de otras generaciones.

4. *Proveamos oportunidades de servicio comunitario que los ayuden a no enfocarse tanto en sí mismos*
   El contacto con la realidad y las necesidades de otros sensibiliza su corazón y los coloca en una perspectiva saludable.

Nuestra tarea consiste en balancear estas oportunidades de tal manera que traigamos un equilibrio entre el cúmulo de información que reciben y la aplicación práctica de ese conocimiento en la vida cotidiana.

LOS PERJUDICAMOS CUANDO:

Reducimos a la mínima expresión su exposición al riesgo

Obviamente que nuestra principal preocupación es mantenerlos seguros, aspirando a ofrecerles así una vida perfecta, sin dolor, sin errores. Sin embargo, cuando los sobreprotegemos esto termina teniendo un efecto adverso. La estrategia del aislamiento es una respuesta comprensible pero, a fin de cuentas, es motivada por el miedo. Tenemos miedo de lo que el mundo pueda hacerles a nuestros adolescentes. Tenemos miedo de que Dios no sea tan poderoso en sus vidas como para vencer las influencias del sistema distorsionado de creencias del mundo que los rodea.

Por ejemplo: los adolescentes probablemente necesitan atravesar por algún tipo de decepción emocional relacional para apreciar la madurez emocional que las relaciones duraderas requieren.

Los rescatamos rápidamente

Cuando hacemos esto y asfixiamos a los adolescentes con la ayuda inmediata, eliminamos la necesidad de que ellos aprendan a buscar soluciones y resuelvan ciertos problemas por sí mismos. Se acostumbran a que otro se encargue de resolver sus problemas y esto los lleva a no asumir responsabilidades.

No compartimos con ellos nuestros errores del pasado

Comparte errores relevantes que tuviste cuando tenías su edad, a fin de ayudarles a aprender a tomar buenas decisiones (evita las «lecciones aprendidas» negativas que tienen que ver con el tabaco, el alcohol, las drogas ilegales, etc.). Además, los adolescentes deben estar preparados para encontrarse con resbalones y enfrentar las consecuencias de sus decisiones.

Diles cómo te sentiste al enfrentar esas experiencias y qué lecciones aprendiste con esta situación.

Por otra parte, cuando nos mostramos vulnerables con ellos compartiéndoles nuestros fracasos y luchas, les damos esperanza mientras van camino a la madurez.

Sacando lo mejor del fracaso

¡El fracaso duele! Casi siempre representa una pérdida en algún nivel. Y esto a menudo es costoso en términos de tiempo, dinero, energía o enfoque. El fracaso no es la meta.

EL FRACASO ES UNA MARCA DE PRUEBA. DIOS USA NUESTRAS FALLAS, FRACASOS Y EXPERIENCIAS DE DOLOR PARA HACERNOS EXITOSOS COMO PERSONAS QUE CONFIAMOS EN ÉL.

Los adolescentes están muy estresados a causa del éxito y del fracaso. A esto le tenemos que sumar que viven tratando de satisfacer las expectativas de sus pares y de la cultura. Imagen, ropa, estándares de las redes sociales... El gusto por la exclusividad personal (juzgando a otros por la música, películas, deportistas que admiran y dispositivos tecnológicos de moda). Incluso en ese nivel, el mensaje es como siempre ha sido: «Si tú no puedes lograrlo, al menos no estés fuera de esto. No falles. No seas la burla de otros». Los adolescentes de hoy sienten y piensan que no pueden fallar. Las consecuencias parecen ser muy grandes, y hay un alto precio que pagar.

Como padres y líderes podemos, sin querer, sumar a esa presión que les dice «no falles». De muchas maneras les decimos a nuestros hijos: «No lo arruines. Tu futuro entero está en riesgo. No desperdicies tiempo en cualquier cosa solo porque te apasiona. Enfócate únicamente en aquello en lo que puedes sobresalir y sé el mejor en eso. No tienes tiempo para equivocarte. Sé exitoso».

Incluso en la iglesia podemos comunicar un mensaje similar cuando definimos que el éxito para los cristianos es tener un alto conocimiento de la Biblia, desarrollar actividades en la iglesia, y pasar sin fallas por el radar detector de pecado.

Mark Matlock, en su libro «Padres Extraordinarios», nos enseña una perspectiva enriquecedora acerca del fracaso y cómo este puede ser utilizado para hacernos exitosos en el futuro, aunque esto no es lo más importante, sino lo que podemos aprender de él, mientras caminamos hoy hacia nuestro propósito en Dios.

Nuestra habilidad para confiar en Dios y llegar a ser más como Jesús, viene generalmente a través de las experiencias de equivocaciones que nos produjeron mucho dolor.

El fracaso es una marca de prueba. Dios usa nuestras fallas, fracasos y experiencias de dolor para hacernos exitosos como personas que confiamos en Él.

Santiago 1:2-4(NVI): *«...considérense muy dichosos cuando tengan que enfrentarse con diversas pruebas, pues ya saben que la prueba de su fe produce constancia. Y la constancia debe llevar a feliz término la obra, para que sean perfectos e íntegros, sin que les falte nada».*

Santiago nos dice que aprovechemos las pruebas porque ellas nos guiarán a confiar en Dios, y cuando aprendemos a confiar en Dios -perseverando en la fe-, esto define el éxito de un seguidor de Jesús.

SEIS CLAVES PARA AYUDAR A LOS ADOLESCENTES A BENEFICIARSE DEL FRACASO DESDE LA PERSPECTIVA DE DIOS.

1. RESPONDER CON HUMILDAD ANTE EL FRACASO

   Somos seres humanos finitos. Fallamos. Nos equivocamos y fracasamos.

   Pero esto no define quiénes somos ni nuestro valor como personas. Lo que nos define es que somos sus hijos amados y nuestro éxito viene de comprender que nuestro Padre está de nuestro lado y nos sigue amando en la misma medida.

2. **SER HONESTO EN CUANTO AL DOLOR Y LA FRUSTRACIÓN QUE SIENTES**

   Por la necesidad de proteger el sentido de autoestima, nuestro orgullo pretende hacer de cuenta que no ha pasado nada y que no sentimos ningún dolor. El fracaso produce dolor y debemos ser sinceros con respecto a cómo nos sentimos. Es el dolor el que nos conduce a poner nuestra esperanza más profundamente en nuestro Padre.

3. **REFLEXIONAR EN CUANTO A LO QUE HA SALIDO MAL**

   Con el dolor del fracaso en una mano y la humildad en la otra, analicemos qué estamos haciendo mal. ¿Debí escuchar los consejos que me dieron? ¿Me apresuré? ¿Fallamos al actuar en el poder de Dios? ¿Estamos desarrollando nuestras debilidades en lugar de nuestras fortalezas?

4. **BUSCAR LA DIRECCIÓN DE DIOS EN EL FRACASO**

   La mayoría de los adultos señalan a los grandes fracasos en su vida como los peldaños que Dios usó para colocarlos en posiciones que deseaba para ellos desde antes. Los fracasos no solo nos llevan a confiar y a depender de Dios en los próximos intentos, también nos entrenan para llevarnos a mejores cosas que Dios tiene para nosotros.

5. RECORDAR CUÁNTO MÁS GRANDE ES DIOS QUE NUESTROS FRACASOS

Las fallas y fracasos que atraviesan los adolescentes son demasiado pequeños e insignificantes como para hacer un agujero en el plan de Dios para el universo. Y, muy a menudo, ¡son incluso muy pequeños para hacer un agujero en el plan de Dios para sus propias vidas!

No significa que debemos entregarnos a pecar, ya que Dios obrará su plan de todas maneras. En lugar de eso, debemos tener presente que nuestras decisiones todavía tienen consecuencias, importan, y nuestros fracasos nos pertenecen. Pero Dios es más grande, mucho más grande y más poderoso que el impacto de nuestros fracasos.

6. VOLVER A INTENTAR ALGO MÁS ARRIESGADO

Nuestra reacción ante el fracaso puede llevarnos a retraernos, a apostar por lo seguro, a escondernos y a no intentar nada arriesgado. El temor puede llegar a controlarnos.

Una forma de vencer el sentimiento de derrota frente a los pequeños fracasos es atrevernos, e incluso animar, a los más chicos a asumir riesgos más grandes.

«Mi autoimagen y cómo otros piensan de mí no es lo más importante. Mi tiempo, mi energía y mi dinero no son lo más importante. No seré prisionero de mi temor al fracaso. Intentaré algo incluso más arriesgado».

Esta mirada nos lleva a confiar en Dios en aquellos desafíos que son más grandes de lo que nuestras capacidades individuales pueden manejar. Nos obliga a decir: «Dios puede con esto, sin importar el resultado final. Si salto y fallo, Dios es capaz de colocarme en cualquier lugar que Él desee. Estoy dispuesto a perder –o ganar– en mi intento, porque sé que Dios es quien me mantiene caminando en Su historia».

ALGUNAS IDEAS PARA EL GRUPO DE ADOLESCENTES

1. La responsabilidad no es genética: debemos enseñarla delegando tareas.

2. No hagas por ellos las cosas que pueden hacer por sí mismos.
3. Enséñales a ver las circunstancias en perspectiva.
4. Felicítalos en público y corrígelos en privado.
5. Los jóvenes funcionan mejor cuando son observados. Hazte presente.
6. Propicia relaciones saludables basadas en la confianza y la aceptación.
7. Es importante hacerles saber que tenemos buenas expectativas con respecto a ellos.
8. Comparte con ellos tus historias de fracasos, dolor y desilusión y cómo lograste superarlas.
9. Participa con ellos en actividades que demanden un esfuerzo y que les ayuden a reflexionar en el proceso.
10. Escúchalos y afirma sus sueños y metas.
11. Proporcionales un sentido de propósito general mientras realizan tareas que no son tan importantes.

12. Dales compromisos a corto plazo que puedan cumplir.

13. Ofréceles pasos realistas para lograr sus metas demasiado optimistas.

14. Trabaja con ellos para que se enfoquen en un objetivo significativo.

15. Motívalos a simplificar sus vidas y a quitarse la presión que suelen autoimponerse.

16. Discute con ellos acerca de valores cristianos y ayúdalos a decidir según sus valores.

17. Exponlos a gente sabia que pueda aportar e impartir experiencias y sabiduría en sus vidas.

18. Comparte ideas que les puedan ayudar a dar los pasos concretos hacia sus sueños y destino en Dios.

19. Incorpora actividades relacionadas a cosas prácticas de la vida tales como:

    - Cocinar
    - Realizar reparaciones del hogar
    - Cuidar su salud y hacer ejercicio
    - Organizar y planificar

- Ahorrar e invertir
- Manejo de una tarjeta de débito
- Mantenimiento del automóvil
- Manejo y administración del tiempo

5
EL SECRETO DE LA INSTRUCCIÓN

Nuestro cerebro está dividido en dos hemisferios. Hasta mediados del siglo XX, la ciencia atribuía al hemisferio derecho la categoría de subordinación y al izquierdo el ser responsable de casi todo lo bueno que creaba el ser humano. Esa idea recién cambia en 1951 cuando Roger W. Sperry descubre que el derecho no es peor sino diferente y se confirma en 1981 cuando le dan el premio Nobel por sus descubrimientos neurocientíficos.

Daniel Pink nos cuenta en su libro *«A whole new mind»* que estamos entrando en la Era Conceptual, pasando de una forma de trabajo y una sociedad basadas en las capacidades lógicas, lineales, computacionales propias de la Era de la Información, a una economía y una sociedad basadas en capacidades como la creatividad, la empatía o la visión global.

La mayor parte de la riqueza creada por esta revolución no tiene aspecto de trabajo o, al menos, no se ve como el tipo de trabajo tradicional con el que estamos familiarizados.
Esto significa que quizás tengamos que cambiar nuestras expectativas, cambiar nuestro entrenamiento y cambiar la manera en la cual nos comprometemos con el futuro. El futuro tiene que ver con actuaciones, con arte, con ventajas y con una serie de colaboraciones y proyectos en constante cambio. A lo largo del tiempo transformará el material del que está hecha nuestra sociedad.

Esta revolución es tan grande como la anterior (la industrial), y esa anterior lo cambió todo.

ESTIMULEMOS EL HEMISFERIO DERECHO

«La mente intuitiva es un don sagrado, y la mente racional es un siervo fiel. Hemos creado una sociedad que honra al siervo y se ha olvidado del don». Albert Einstein

El hemisferio izquierdo es calculador, secuencial y analítico. Tiene que ver con la información y está vinculado con el conocimiento, las matemáticas, los números y la lógica.

En cambio, el hemisferio derecho es innovador y dinámico. Está conectado con la parte creativa, las expresiones, las sensaciones, las habilidades visuales y sonoras que no tienen que ver con el lenguaje, como las artísticas y musicales. A menudo se han caricaturizado estas distinciones y, como es natural, recurrimos a ambas mitades de nuestro cerebro para cualquier tarea por simple que sea. Pero las diferencias entre los dos hemisferios cerebrales, tan concienzudamente estudiadas, nos ofrecen también una poderosa metáfora para interpretar nuestro presente e iluminar nuestro futuro. El mundo de hoy está inclinado en todas sus facetas a la imaginación, la innovación y la creatividad cada vez de manera más evidente.

Las últimas décadas han estado dominadas por un determinado tipo de personas con un determinado tipo de mente: programadores informáticos capaces de fabricar códigos, abogados capaces de redactar contratos, MBAs capaces de dominar cifras, etc. Estos obviamente seguirán siendo necesarios, pero las llaves

TANTO LOS SISTEMAS EDUCATIVOS TRADICIONALES COMO ALGUNAS IGLESIAS TIENEN MUCHOS ASPECTOS EN COMÚN. AMBOS, EN ALGUNOS CASOS, SE HAN VUELTO IRRELEVANTES PARA ESTA GENERACIÓN.

del reino están cambiando de manos. El futuro pertenece a un tipo diferente de personas con un tipo muy distinto de mentalidad: creadores y empatizadores, reconocedores de patrones y dadores de sentido. Esta gente (artistas, inventores, diseñadores, narradores, cuidadores, consoladores, pensadores con visión global) son quienes van a cosechar las recompensas más generosas de la sociedad y compartir sus mayores alegrías.

«El lado derecho es la imagen mientras que el izquierdo son las mil palabras». Daniel Pink

Esto nos propone un gran desafío. ¡Como entrenadores de las nuevas generaciones necesitamos comprender esta realidad y adaptarnos a los cambios culturales si queremos ser relevantes e influir positivamente en la formación de los adolescentes! Esto no depende de la edad que tengamos sino de aceptar nuestra responsabilidad en la etapa formativa de ellos y prepararlos para un mundo cambiante, competitivo y en donde sobresalen aquellos que tienen los recursos y el entrenamiento para hacerlo.

Un gran problema al que los adolescentes se enfrentan hoy en su formación académica es que en muchos casos están siendo entrenados para aceptar los desafíos del siglo XXI con enseñanzas y metodologías del siglo XX. Y también muchas instituciones educativas están preparando a esta generación para trabajos que posiblemente ya no existan cuando ellos se gradúen.

Como líderes debemos repensar la forma en que nos comunicamos y en la que les enseñamos. Existe un paralelismo interesante en esto: tanto los sistemas educativos tradicionales como algunas de nuestras iglesias tienen muchos aspectos en común. Ambos, en algunos casos, se han vuelto irrelevantes para esta generación. La cultura ha cambiado. Si todavía tenemos esperanzas de liderar a la nueva generación de manera eficiente, es hora de repensar nuestra pedagogía.

Obviamente, para que sucedan cambios trascendentales en el sistema educativo de nuestros países, se requiere de mucho tiempo, recursos y de la decisión política de hacerlo. Sin embargo, nosotros podemos aportar nuestro granito de arena actuando de forma preventiva con respecto a la enseñanza, enfocándonos no solo en el área espiritual sino también en aquellas áreas que son fundamentales en el desarrollo integral de cada uno de los adolescentes que están bajo nuestra órbita de influencia.

No podemos cometer los mismos errores que otras generaciones de líderes en décadas pasadas cometieron, cuando frustraron el camino de la preparación de miles de jóvenes haciéndoles creer que no tenían que estudiar ni prepararse, sino que solamente podrían encontrar sentido de realización encerrados dentro de la iglesia.

Estamos en un mundo que demanda ya no solo educación sino capacidad de adaptación, creatividad e innovación.

«...y lo he llenado del Espíritu de Dios, de sabiduría, inteligencia y capacidad creativa». Éxodo 31:3

Generalmente, cuando hablamos de creatividad entre líderes de adolescentes, nos referimos a la necesidad de ser creativos al momento de compartir el evangelio con ellos. Por supuesto que esto es importante, sin embargo, quisiera explorar la posibilidad de que nuestros grupos de adolescentes e iglesias puedan transformarse en lugares de reflexión y de nuevas ideas, en donde puedan ser equipados para funcionar de acuerdo a las demandas de este tiempo. Motivarles a la creatividad y la inventiva será un factor clave si deseamos preparar a una generación relevante que tome su lugar en la sociedad de hoy. Debemos asumir un lugar preponderante y de responsabilidad para llegar a ser un instrumento de cambio, desafío e inspiración para las nuevas generaciones.

CONECTÁNDOLOS CON LA FUENTE DE LA CREATIVIDAD

«Los ha llenado de gran sabiduría para realizar toda clase de artesanías, diseños y recamados en lana púrpura, carmesí y escarlata, y lino. Son expertos tejedores y hábiles artesanos en toda clase de labores y diseños». Éxodo 35:35 (NVI)

Cuando hablamos de innovación y creatividad, casi inmediatamente pensamos en los escasos recursos que tenemos si nos comparamos con aquellas experiencias altamente creativas que suceden fuera de nuestras iglesias y esferas de influencia. Sin embargo, contamos con el factor más importante dentro de nosotros: el Dios que creó todas las cosas que vemos en este mundo de formas y colores, y que es la fuente y el autor de la creatividad, vive en nosotros. Nos parecemos más a Dios cuando somos creativos (Génesis 1 y 2).

Él nos ha diseñado para ser creativos y lo somos desde nuestro nacimiento, ya que nuestra naturaleza está impregnada de la creatividad del Creador. Cuando vamos creciendo, comenzamos a volvernos más conservadores y a relegar la capacidad de intentar cosas diferentes. Preferimos ir a lo seguro, a lo menos complicado, a lo que demanda menos de nosotros, y tendemos a volvernos más previsibles y menos creativos.

Cuando somos niños es habitual ser ocurrentes y actuar con creatividad. De hecho, cuando somos padres celebramos la creatividad de nuestros hijos y, al hacerlo, les impulsamos a seguir siendo creativos. Muchos estudios revelan que los niños de entre 1 y 6 años de edad funcionan al 90% de su capacidad creativa y cuando un niño llega a los 7 u 8 años ese porcentaje automáticamente disminuye de manera drástica. No me malinterpreten, pero mucho tiene que ver la influencia de la escuela en esto. De alguna manera la metodología de enseñanza en la escuela de hoy detiene la capacidad creativa de los más chicos.

Comenzamos a cambiar la creatividad por otras cosas que se nos dicen que son más importantes para nuestro desarrollo como personas productivas en esta sociedad. Cambiamos lo artístico por lo analítico, la capacidad imaginativa por la memorización, nos reímos menos y comenzamos a pensar más lógicamente. Si deseamos que esta generación viva con un sentido de importancia y propósito, que sucedan cosas trascendentales a través de ellos y que no vivan vidas aburridas o previsibles, debemos reconectarlos con la creatividad del Dios que la inventó.

SOMOS COMO EL CREADOR

Pensemos cómo la creatividad fluye del carácter de Dios hacia nuestras vidas. Solo Dios, y no las expectativas culturales, el sistema educativo ni las tradiciones que recibimos de la iglesia, se convierte en el punto de referencia para el pensamiento y la acción creativa. J.B. Phillips parafrasea Romanos 12:2 de esta manera: «No dejes que el mundo te amolde a su propia imagen». Definitivamente, cuando tomamos la forma del mundo que nos rodea, perdemos la unicidad y la capacidad creativa que Dios ha puesto en nosotros.

Dios, el Creador, comparte con nosotros algunos de sus atributos. Somos seres espirituales, somos capaces de amar, tenemos de alguna manera libertad moral y somos también, como Él, capaces de crear. Nos ha dado a cada uno la capacidad de pensar, de tener ideas brillantes y de ser innovadores.

En Génesis 1:28 (NVI), Dios nos da lo que podríamos llamar la primera descripción de trabajo: *«Sean fructíferos y multiplíquense; llenen la tierra y sométanla...»*. La primera frase: «Sean fructíferos y multiplíquense» significa que desarrollemos el mundo social: que construyamos familias, iglesias, escuelas, ciudades, gobiernos, leyes, etc. La segunda frase: «Sometan la tierra», significa equipar al mundo natural: sembrar, construir puentes y carreteras, diseñar computadoras, componer música, etc.

La instrucción principal que Dios le da a la humanidad es que desarrolle los recursos del mundo natural y que utilice las habilidades que le fueron dadas por Él para traer gloria a su nombre. Dicho de una forma más práctica: Dios se glorifica en nuestra creatividad. Ya sea que implique hacer artesanías, pintar obras que muevan los corazones a alabarle o diseñar un arado que nos permita sembrar y cosechar de mejor manera, Dios es glorificado.

Para hacer cualquiera de estas cosas debemos confiar en el fruto práctico de nuestras habilidades creativas.

Dios nos hizo seres creativos a su imagen y nos asignó tareas que requerirían que exploràsemos las profundidades de esa creatividad. Él sabía que para cumplir nuestro propósito necesitaríamos ser innovadores y que, mediante los recursos y habilidades que Él nos había dado, seríamos capaces de desarrollar nuevas herramientas y tecnologías.

Cada vez que expresamos la creatividad que Dios nos dio, ya sea inventando algo nuevo o promoviendo el avance humano para la honra de Dios, estamos actuando según la «imagen de Dios», conforme a la cual fuimos creados. Esto se aplica tanto a cristianos como a no cristianos. La gracia de Dios, que se extiende gratuitamente a todos los pueblos (amen a Dios, le obedezcan, lo desprecien o lo aborrezcan), nos da el poder de expresar nuestros impulsos creativos.

EJERCITAR EL CEREBRO CON LA LECTURA

Animemos a los adolescentes a la lectura. La actividad de leer requiere poner en juego un importante número de procesos mentales, entre los que se destacan la percepción, la memoria y el razonamiento. Cuando leemos, activamos preferentemente el hemisferio izquierdo del cerebro, que es el del lenguaje y el más dotado de capacidades analíticas en la mayoría de las personas; pero son muchas más las áreas cerebrales de ambos hemisferios que se activan e intervienen en el proceso. Decodificar las letras, las palabras y las frases, y convertirlas en sonidos mentales, requiere activar amplias áreas de la corteza cerebral. Las cortezas occipital y temporal se activan para ver y reconocer el valor semántico de las palabras, es decir, su significado. La corteza frontal motora se activa cuando evocamos mentalmente los sonidos de las palabras que leemos. Los recuerdos que evoca la interpretación de lo leído activan poderosamente el hipocampo y el lóbulo temporal medial. Las narraciones y los contenidos sentimentales del escrito, sean o no de ficción, activan la amígdala y demás áreas emocionales del cerebro. El razonamiento sobre el contenido y la semántica de lo leído activan la corteza prefrontal y la memoria de trabajo, que es la que utilizamos para resolver problemas, planificar el futuro y tomar decisiones. Está comprobado que la activación regular de esa parte del cerebro fomenta no solo la capacidad de razonar, sino también, en cierta medida, la inteligencia de las personas.

La lectura, en definitiva, inunda de actividad el conjunto del cerebro y refuerza también las habilidades sociales y la empatía, además de reducir el nivel de estrés del lector.

En ese sentido, debemos resaltar el excelente trabajo de revisión del novelista y psicólogo Keith Oatley de la Universidad de Toronto, Canadá, publicado en la revista científica *CellPress* y titulado *Fiction: Simulation of Social Worlds* (*Ficción: Simulación de Mundos Sociales*), destacando que la literatura de ficción es la simulación de nosotros mismos en interacción. Tras un riguroso y elaborado repaso de datos y consideraciones sobre psicología cognitiva, Oatley concluye que ese tipo de literatura, al ser como una exploración de las mentes ajenas, hace que quien lee mejore su empatía y su comprensión de los demás, algo de lo que estamos muy necesitados. Esa conclusión es además avalada por neuroimágenes, es decir, por datos científicos que exploran la actividad cerebral relacionada con ese tipo de emociones. La ficción que incluye personajes y situaciones complejas puede tener efectos especialmente beneficiosos.

¿CÓMO IMPULSAR A LOS ADOLESCENTES A LA CREATIVIDAD Y EL DESCUBRIMIENTO?

Seamos inclusivos

Demos participación a los adolescentes en la planificación y organización de las diferentes actividades de la iglesia. Que la estructura de nuestro ministerio contribuya al crecimiento y al desarrollo de cada individuo, siempre con límites saludables.

Incorporemos permanentemente en nuestros equipos a voluntarios que puedan aportar sus dones y habilidades. Promovamos la participación de nuestros adolescentes en actividades que los desafíen y en donde ellos puedan descubrir lo que les apasiona, sus cualidades y las características que los definen en su unicidad.

Generemos una atmósfera propicia

Generemos en nuestros grupos una atmósfera de alegría y distensión en donde se promueva la implementación de nuevas ideas y una apertura a los cambios. Ofrezcamos siempre reconocimiento a las nuevas ideas y recompensas si la idea lo merece. Celebremos la creatividad y capacidad inventiva de nuestros adolescentes.

Utilicemos las limitaciones

Las limitaciones que tenemos pueden ser una gran fuente de recursos para la innovación. El cambiar nuestra forma de ver las cosas puede ayudarnos a ir desde el «no se puede porque...» al «¿qué tal si lo intentamos y averiguamos si es posible?». Necesitamos llevar a nuestros adolescentes más allá de los obstáculos y las limitaciones e inspirarlos a nuevas formas de hacer las cosas.

Involucremos su imaginación mediante la estimulación del hemisferio derecho de su cerebro

Expón a los adolescentes a diferentes expresiones artísticas como películas, teatro, buena literatura o videos inspiradores en YouTube, charlas Ted o documentales en Netflix u otras plataformas de cine por streaming. Y para conseguir que ellos se expresen utiliza imágenes, música o historias que les hagan usar su imaginación; elementos que disparen su hemisferio derecho. Este tipo de estimulación es útil porque hay imágenes que valen más que mil palabras. Esta también es una manera de disparar conversaciones sobre temas de importancia.

Desarrollemos la habilidad de resolver problemas

Una maestra les pidió a sus estudiantes que escriban en una hoja problemas que ven alrededor del mundo y que les preocupan. Llenó un frasco con esas hojas y lo llevó a su clase. Cada vez que los estudiantes terminan con sus tareas y tienen tiempo libre, les pide que tomen una de esas hojas del frasco y que propongan ideas para solucionar ese problema. En lugar de quejas y excusas, los estudiantes desarrollan el hábito de resolver problemas e idear soluciones.

Comencemos con proyectos seguros

Al principio permite que los adolescentes se familiaricen con el fracaso, asignándoles algo que no tendrá mayores consecuencias si llegan a fallar en el intento. Es algo así como dejarles andar en bicicleta pero con las rueditas de auxilio.

Comuniquemos un mensaje diferente

Hazles saber que el fracaso no es definitivo ni fatal. Diles que esperas que intenten cosas nuevas y también que fallen a lo largo del camino. Aquellas cosas que no salen como esperamos son consideradas como parte del proceso. Que los adolescentes puedan aprender a tomar riesgos sabiendo que los fracasos no serán tomados como definitivos ni serán un impedimento para probar otras formas de intentarlo.

Busquemos inspiración divina

Una de las primeras palabras que aparecen en la Biblia es «creó». Lo primero que Dios hizo fue crear, Él inventó la creatividad y está deseoso de que forme parte de nuestra vida diaria. La creatividad es también una señal del nivel de influencia del Espíritu Santo en nosotros. Enseñemos a nuestros jóvenes a depender de la inspiración y la creatividad que Él tiene disponible para ellos. Debemos no solo orar por creatividad sino también invitar al Espíritu de Dios, que es el creador por excelencia, a que esté en nuestras reuniones de trabajo, estudios, actividades diarias; que Él sea parte vital de todo lo que hacemos. Recordemos que el Espíritu Santo desea ayudarnos a hacer lo que nosotros no podemos hacer por nosotros mismos.

Demos permiso para cuestionar

Enseñemos a nuestros adolescentes la importancia del pensamiento crítico. Ofrezcamos libertad para la crítica constructiva sin que ellos piensen que tendrán represalias de parte nuestra. Invitémoslos a repensar aquellas cosas que siempre se han hecho de la misma manera. Mostremos como líderes que somos capaces de cuestionar lo establecido, poniendo como ejemplo las formas y metodologías en nuestras comunidades de fe. El proceso creativo puede comenzar cuando nos hacemos dos preguntas importantes: ¿por qué lo hemos hecho siempre de esta manera? y ¿por qué no hacerlo de una manera diferente? La situación de *eureka* sucede únicamente cuando hacemos ambas preguntas al mismo tiempo. Cuando confluyen el cuestionarnos la seguridad que tiene eso que siempre hicimos de la misma manera, con el animarnos a pensar un futuro diferente, es cuando construímos una plataforma de lanzamiento para las grandes nuevas ideas de Dios.

Expongámoslos a dilemas de la vida real que les afecten

Una vez que hayas creado un espacio para el diálogo, infórmales sobre dilemas de su comunidad (o del mundo) que les impacten. Quizás se trate de una situación actual que la gente tiende a evitar porque es controversial. Como a los chicos se les ha enseñado la tolerancia y el pluralismo, debes abordar el tema y establecer límites para una discusión constructiva. Proponles asuntos que sean significativos para los derechos humanos o la justicia social; a ti te tocará iniciar la conversación. Luego, aplícalo a sus vidas personales.

Invitémoslos a soñar

Desarrolla con tus adolescentes la capacidad de soñar en grande, un sueño que demande una dependencia total de Dios. Si solo estamos haciendo lo que pensamos que podemos hacer, nuestros esfuerzos no demandan que utilicemos nuestra fe y, sin fe, es imposible agradar a Dios. Invitemos a nuestros adolescentes a soñar sueños más grandes que ellos mismos y mostremos que, aún más relevante que esos sueños, es sentir la adrenalina de saber que, sin la intervención del Señor, seríamos incapaces de realizarlos por nuestros propios medios. Eso hace que desesperadamente tengamos que vivir en una dependencia de Él y, con certeza, creo que ese es el terreno en donde más seguros podemos estar; un lugar en donde no dependemos de nuestras habilidades ni talentos, sino de la gracia y la capacidad de Dios de poder llevarnos más allá de donde pensamos, creemos o esperamos, aun a pesar de las inseguridades, de nuestros propios temores e incapacidades. Solo confiamos y dependemos de su intervención para la realización de nuestros sueños ¡Por eso soñamos y necesitamos extender la invitación a soñar a nuestra generación!

Erwin McManus dijo: «La verdad es que, si no estás tratando de lograr algo significativo, no estás incursionando verdaderamente en el proceso creativo».

¿QUÉ DEBEMOS TENER EN CUENTA PARA ENSEÑARLES EFECTIVAMENTE?

- Los adolescentes son experimentales. Por lo tanto, aprenden haciendo y expresándose.
- Aprecian la belleza de la narrativa en historias bien contadas.
- La música y el arte les ayudan a retener información y los impulsan a la creatividad.
- El humor inteligente, una buena sonrisa y los juegos son ingredientes indispensables.
- Aprecian la estética de un buen diseño más allá de la funcionalidad.
- Son visuales y multisensoriales. Una buena imagen vale más que mil palabras.
- A muchos adolescentes les gustaría que la iglesia se interesara más en las artes y en la cultura, lo cual es saludable y es posible de realizar sin comprometer los principios cristianos.
- Se sienten movilizados ante la creatividad.

- La mayoría de los adolescentes se sienten intrigados por la belleza del evangelio y por sus demandas radicales.
- Desean que los adultos tengamos en cuenta sus opiniones.
- A menudo, los escépticos se convencen más fácilmente por la belleza del carácter de Cristo en nuestros adolescentes que por una lógica rigurosa.
- Involucrémoslos, hagámoslos participar.
- Tengamos prohibido aburrirlos.
- Sus preguntas e inquietudes son importantes. Valorémoslas y esforcémonos por ofrecer respuestas concretas.
- Tengamos presente que desean aprender lo que es relevante para la vida integral.
- Tomemos en cuenta que, en promedio, piensan con el hemisferio derecho de su cerebro.
- Pasemos de proveer información a estimular su imaginación.
- Vayamos más allá de simplemente medir su capacidad de memorización. Motivémoslos a la imaginación.

- Además de abarcar los hechos históricos, exploremos también los sentimientos que provocaron esos hechos.
- Enfoquémonos no solo en incrementar su conocimiento, sino en motivarlos a la acción.
- Enseñémosles a pensar: es más importante que enseñarles lo que deben pensar.
- Apelemos a lo inesperado. Cuando lo que hacemos es predecible, se reduce el nivel de contacto en la comunicación.
- Hablemos la verdad con convencimiento, claridad y gracia.
- No olvidemos comunicar lo más importante: el evangelio de Cristo que transforma las vidas, cambia la historia, ofrece salvación y es eternamente relevante.

Esta generación necesita ser inspirada y motivada a la acción de formas creativas y que apelen permanentemente al desarrollo de aquellas capacidades que tienen que ver con la creatividad.

Una definición de innovación es: no tener temor a fallar mientras intentamos algo diferente. Cuando realmente fallamos, es cuando dejamos de intentar.

¿QUÉ HARÁN EN LA PRÓXIMA ETAPA DE SUS VIDAS?

Sabemos que una de las grandes decisiones que tomarán los adolescentes en esta etapa es en relación a su vocación y entendemos también que, en un mundo plural y postmoderno, se encontrarán con muchas opciones y posibilidades. Para muchos de ellos este será uno de los interrogantes más difíciles de resolver. Debemos instruirlos para que puedan escuchar a Dios a la hora de definir su vocación.

Vocación significa «ser llamado», lo cual implica que estamos escuchando algo. Para ser más precisos, estamos escuchando a Alguien: la voz de Dios hablando a nuestras vidas y a través de nuestras vidas. ¿Cómo podemos ayudar a los jóvenes a aprender a diferenciar entre el llamado general que todos tenemos que es el amar a Dios, al prójimo y ser los hijos amados de Dios, del llamado específico para el cual fueron creados, o sea, los dones que dejarán una contribución única para este mundo?

A DIOS LE IMPORTA LO QUE A ELLOS LES INTERESA

A qué se van a dedicar es, quizás, una de las primeras decisiones entre muchas otras que vendrán con el tiempo y que les demandará utilizar la fe genuinamente. Necesitamos guiarlos a la oración y al consejo sabio de gente adulta que los conozca lo suficiente, y ayudarlos a permanecer abiertos a la dirección de Dios para sus vidas. Él está interesado en cada uno de los adolescentes y le encanta que ellos lo involucren en sus decisiones. Le importamos a Dios. Él nos creó para su placer, pero también puso intereses y pasiones dentro de nosotros que está dispuesto a respetar. Por lo tanto, Dios no es ajeno al deseo y al interés del corazón de ellos. Debemos reflexionar en esto y no procurar que ellos sean lo que nosotros deseamos que sean o simplemente tratar de retenerlos porque necesitamos de su ayuda, sino animarlos a que persigan los sueños y anhelos que Dios ha puesto en sus corazones. El escritor de Eclesiastés parece sugerir que hay algo bueno en «seguir los impulsos de tu corazón cuando eres joven». Esta idea también está presente en el Salmo 37:4 (NVI): *«Deléitate en el Señor, y él te concederá los deseos de tu corazón».*

¿CÓMO LOS AYUDAMOS A CONECTAR LA VOCACIÓN CON LA FE?

Ayudarlos a conectar la fe con sus intereses es uno de los grandes desafíos del final de la adolescencia.

Aquellos que desarrollan interés en las carreras orientadas hacia las ciencias o la creatividad, a menudo se desconectan de su fe o de la iglesia. En el lado creativo se incluye a los músicos, artistas, escritores, diseñadores y actores jóvenes. En el lado de las ciencias, a los jóvenes ingenieros, los estudiantes de medicina, de ciencias y de matemática, que luchan frecuentemente para ver cómo la Biblia puede relacionarse con el llamado de sus vidas.

Como mencionamos antes, es interesante saber que casi la mitad de los adolescentes cristianos aspiran a carreras de ciencias, y solo la quinta parte están interesados en profesiones creativas.

Una investigación de la organización Barna demostró que las comunidades de fe pueden ser más efectivas al trabajar con la generación futura si vinculan la vocación con la fe.

Debemos guiarlos a ser intencionales en cuanto a profundizar su relación con Dios para que puedan ver el mundo como Él lo ve y prestarle atención al Espíritu Santo a medida que Él dirige sus intereses. Una pregunta importante que ellos podrían hacerse es: ¿de qué manera esta carrera puede aumentar mi servicio a Dios y a los demás? Esta pregunta es mucho mejor que: «¿qué puedo hacer con esta carrera?». La carrera universitaria debe estar más relacionada con el tipo de persona en la que ellos desean convertirse que con el tipo de habilidades que ellos están adquiriendo. Por consiguiente, es importante ayudarlos a ver que el campo de estudio en el que se involucran los estará ayudando a crecer como personas y a servir más plenamente a quienes los rodean. Los adolescentes de hoy necesitan de líderes que los ayuden a unir la problemática del mundo actual con los sus deseos profundos de hacer una diferencia con sus vidas. Necesitan ser guiados a vocaciones significativas.

Es necesario saber que ellos pueden cambiar o refinar su vocación a lo largo del camino. Algunas cosas en la vida, incluyendo el discernimiento adecuado en cuanto a nuestros llamados y vocaciones, salen a la luz a medida que entramos en el proceso de clarificar nuestro llamado. En medio de todo el proceso, una vez más, será clave para ellos recordar que deben confiar en el Autor que está escribiendo la historia de sus vidas.

¿CÓMO LOS AYUDAMOS A HACER LA TRANSICIÓN HACIA LA ETAPA UNIVERSITARIA?

Las transiciones son importantes y nuestra tarea es equiparlos para que estas sean lo más saludables posible. Como padres y líderes necesitamos estar atentos y conscientes de que esta es una etapa fundamental de sus vidas, que trae consigo nuevas experiencias, presiones, estrés y necesidades.

Algunos aspectos que debemos tener en cuenta:

1. La mayoría de ellos saldrá a vivir fuera de sus casas por primera vez.
2. Aquellos adultos que los cuidaban y estaban cerca ya no estarán a diario con ellos.
3. Ingresarán a un nuevo mundo con pares y adultos que no conocen.
4. Se sentirán abrumados por los cambios, desafíos y decisiones diarias.
5. Manejarán por primera vez un presupuesto y un calendario.
6. Su fe comenzará a ser desafiada por otras ideologías.

7. Experimentarán un ajuste emocional y relacional con sus familias.

8. Comenzarán a entablar nuevas amistades.

9. Se iniciará su experiencia de una independencia definitiva.

¿CÓMO PODEMOS SERVIRLOS MEJOR EN ESTA ETAPA?

- Acompañándolos en el proceso de buscar una iglesia saludable en donde puedan encontrar amigos y gente que los reciba, si es que se van a otra ciudad.
- Promoviendo que los programas de la iglesia contemplen el escaso tiempo que tienen.
- Vinculándolos con líderes o adultos de confianza que conozcamos y que puedan estar pendientes de ellos, que los animen y desafíen para que modelen una fe aplicada en la vida práctica diaria.
- Animando a los padres a que puedan estar con ellos en las primeras semanas en donde se encuentran con un mundo nuevo de responsabilidades y cambios.
- Alentando a que sus padres no pierdan el contacto personal con ellos, o al menos por teléfono,

WhatsApp o Zoom, mientras ganan independencia y se adaptan emocionalmente a esta nueva etapa.

- Animando a los padres a que puedan confiar en el Señor por la vida de sus hijos.
- Apoyándolos mientras desarrollan una fe experimental que se aplica a sus comportamientos, relaciones y elecciones.
- Mostrándoles permanentemente un amor incondicional.
- Guiándolos en los conflictos que puedan surgir con el manejo del tiempo y del dinero.
- Enseñándoles perseverancia y contentamiento. El éxito y el desarrollo personal no llegarán tan rápida ni fácilmente como ellos esperan.
- Algunas ideas para el grupo de adolescentes.
- Participa con tu grupo de conferencias, actividades musicales y artísticas en otras iglesias o en la comunidad, que estén de acuerdo con algunas de las cualidades que ves en tus adolescentes.
- Incorpora a tus actividades en la iglesia y en tu comunidad un espacio de expresión artística como parte del programa. Ya sea que se trate de una noche especial o de un evento anual,

ofréceles a los adolescentes y jóvenes el espacio físico y el tiempo para promover actividades artísticas como la pintura, la fotografía, las expresiones musicales, etc. Esta es una muy buena herramienta para que la iglesia se involucre intencionalmente en el barrio y con la gente de la comunidad.

- Si alguien de tu iglesia o de tu comunidad tiene un perfil definido y experiencia en algún tipo de expresión artística, incorpora alguna clase o actividad especial que sea dirigida por esa persona y de la que puedan participar aquellos adolescentes de la iglesia que tengan esas mismas inquietudes. Invita también a adolescentes no cristianos a ser parte de estas jornadas de exploracion artística.
- Forma un equipo creativo dentro del ministerio de adolescentes que pueda enfocarse en los aspectos visuales como escenografía, puesta en escena, apertura de eventos especiales, fotografía, video, iluminación, etc. Recuerda no limitarte: el recurso más importante con el que cuentas es la capacidad creativa de los adolescentes.

6
EL SECRETO DEL SERVICIO

A mí me encantan los siguientes textos:

«Hagan brillar su luz delante de todos, para que ellos puedan ver las buenas obras de ustedes y alaben al Padre que está en el cielo».

Mateo 5:16 (NVI)

«¡Ya se te ha declarado lo que es bueno! Ya se te ha dicho lo que de ti espera el SEÑOR*: Practicar la justicia, amar la misericordia, y humillarte ante tu Dios».*

Miqueas 6:8 (NVI)

Los jóvenes quieren servir. Desean que sus vidas cuenten y los mejores líderes de adolescentes los ayudan a hacerlo. ¿Cómo podemos incentivar a los adolescentes con asuntos de justicia social? ¿Cómo podemos implantar en ellos una visión de servicio en el Reino que pueda ofrecer amor y esperanza a un mundo necesitado?

LOS ADOLESCENTES ESTÁN LISTOS PARA LA ACCIÓN

Una de las claves es ayudarlos a direccionar sus fuerzas, su pasión y su energía hacia causas que les provoquen empatía. Tenemos que proveerles no solo las enseñanzas acerca de lo que la Biblia nos habla con respecto a los más necesitados, sino también oportunidades para que ellos los puedan servir. Ayudémoslos a ver que hay un mundo alrededor de ellos que está listo para ser descubierto y explorado.

Muchos de los adolescentes han recibido mucho pero han sido poco desafiados. Necesitan descubrir una causa que les dé sentido de significancia. Utilicemos la sed de aventura, de correr riesgos y la creatividad con la que cuentan.

Sin importar lo profunda y activa que sea ahora la solidaridad de los adolescentes, es su fe la que finalmente los llevará hacia la justicia como un valor central y explícito. Los adolescentes suelen estar por naturaleza un tanto absortos en sí mismos. Nuestro rol consiste, por lo tanto, en contribuir a que ellos se muevan por un camino directo y constante hacia la solidaridad con los demás.

Lo mejor que podemos hacer para ayudar a los adolescentes en esto es servirles de ejemplo con nuestra propia solidaridad hacia los demás; no solo con los pobres, con personas de otras nacionalidades, los que sufren y los débiles. Nuestra forma de hablar acerca de los demás, aun de aquellos que no «merezcan» necesariamente nuestra preocupación, les dice mucho a ellos en cuanto a nuestra manera de entender el mensaje de Jesús sobre amar al prójimo.

Aprovechemos cualquier oportunidad para sacarlos al exterior, a las primeras filas de la misericordia, la justicia y el servicio. Creemos firmemente que mientras más cerca estén de los pobres, los quebrantados o los débiles, más reconocerán cuánto nos puede enseñar «el menor de ellos» a nosotros que nos creemos ricos, completos y fuertes.

Todos desean vivir experiencias significativas. Sinceramente creo que nuestro caminar cristiano debería caracterizarse por ellas. ¡En la Biblia no encontramos ningún indicio de aburrimiento o de pasividad en la vida de los héroes de la fe! La conciencia que esta generación tiene con respecto al sufrimiento global nos asegura que harán oídos sordos a cualquier mensaje que omita abordar las necesidades sociales y mundiales. La conciencia del sufrimiento global proporciona una oportunidad maravillosa para el evangelio, ya que podemos demostrar que constituye una respuesta mejor y más integral para los problemas del mundo. La puesta en práctica de lo que enseñamos es una plataforma increíble de discipulado y aprendizaje constante.

PREGUNTAS PARA DESPERTAR INTERÉS EN NUESTRO GRUPO

¿Qué situación injusta ves a tu alrededor? ¿Qué es lo que te produce dolor, rabia y despierta en ti un deseo de hacer algo? ¿Qué crees que podrías hacer para ayudar a esas personas que están padeciendo injusticia?

¿Cómo podemos plantar la visión del Reino en cuanto al servicio de una forma tan profunda en los adolescentes que no puedan sino ofrecer amor y esperanza a los que están en necesidad?

En la Biblia se habla de la justicia como uno de los atributos centrales de Dios y es un término que debemos recuperar con sentido en este tiempo.

Asegúrate de compartir con tus adolescentes alguno de los muchísimos pasajes en las escrituras que nos dejan saber que para Dios este es un tema de vital importancia, y espera que nosotros actuemos en consecuencia.

> EXPONGAMOS INTENCIONALMENTE A LOS ADOLESCENTES A GENTE REAL QUE HA SIDO OPRIMIDA, PONIÉNDOLE ASÍ UN ROSTRO Y UN NOMBRE A LA INJUSTICIA.

Los líderes, padres y adultos de la iglesia tenemos una gran responsabilidad con respecto a la justicia social y el servicio, ya que somos nosotros los que ejemplificamos, estimulamos y participamos en la tarea de enmendar las injusticias a nuestro alrededor mientras ellos nos observan y se contagian por nuestro ejemplo.

Expongamos intencionalmente a los adolescentes a gente real que ha sido oprimida, poniéndole así un rostro y un nombre a la injusticia. Animemos a las familias a que el ministerio de la justicia pueda desarrollarse relacionalmente en casa, al ayudar a que nuestros hijos sirvan a otros junto a sus padres.

Los jóvenes deben descubrir que las personas no son un medio para llegar a un fin. Ellas son el fin.

Cuando los adolescentes aprenden a valorar a las personas y darles prioridad sobre los proyectos o las posesiones, son proyectados hacia la responsabilidad y la madurez.

REVOLUCIÓN DE SERVICIO ENTRE LOS ADOLESCENTES

«El que no vive para servir, no sirve para vivir». Madre Teresa

No hay nada que demuestre un amor genuino y desinteresado por los demás como nuestra actitud de servicio. Estamos frente a la generación de jóvenes cristianos más grande en la historia de las Américas. Todos sabemos lo que ha sucedido a lo largo de la historia cuando un grupo grande de cristianos se decide a entregar sus vidas a la causa del Evangelio. Recordamos a Jerusalén y a la iglesia primitiva. Recordamos a Europa y la época de la reforma protestante. Recordamos a Estados Unidos durante el siglo pasado; todos ellos fueron cuna de misioneros, hombres y mujeres que decidieron servir a su generación y trajeron adelantos increíbles al Reino de Dios mientras transformaron comunidades enteras con el poder del evangelio. Debemos entender que vencemos al odio con el amor. Vencemos a la injusticia con nuestro compromiso por el cambio. Vencemos al amor al dinero con un corazón desinteresado y generoso. Alcanzamos realización y felicidad cuando entregamos nuestra vida en servicio por los demás.

Tengo presente algo que veía hacer a mis padres en la adolescencia. Recuerdo que por las tardes golpeaban la puerta de casa algunos chicos que vivían en la zona y pedían dinero para poder comer algo. Sabíamos que era su madre la que los mandaba a pedir dinero para poder comprar cigarrillos. Así que mi mamá en vez de darles dinero los hacía pasar, los sentaba a la mesa y les preparaba algo de comer. En algunas ocasiones les daba ropa limpia y después regresaban a su casa. Quizás esto parezca algo simple pero marcó nuestras vidas. Les cuento esto porque es algo vinculado con el servicio y que afectó mi vida para bien. Solamente un poco de tiempo y una buena disposición pueden cambiarle el día a alguna persona en necesidad. Sin embargo, la justicia tiene que ver no solo con darle la comida a alguien que no la tiene, sino en enseñarle cómo puede obtenerla por sí mismo mientras lo ayudamos en el proceso. Creo firmemente que debemos entrenar a esta generación para el servicio a los demás y también sembrar en sus corazones una pasión por la justicia, para que sus comunidades puedan ser transformadas por el amor y el poder del evangelio.

Servir es dar un vaso de agua fría a alguien que tiene sed. Representa un acto noble y, seamos sinceros, muchas veces es todo lo que podemos hacer con el tiempo y la capacidad de la que disponemos.

No obstante, la justicia llega mucho más profundo. La justicia se pregunta por qué la persona no pudo conseguir su propio vaso de agua, le ayuda a descubrir cómo conseguirlo, y trabaja con ella para que pueda ayudar a que otros consigan el suyo también.

¿POR QUÉ VALE LA PENA MOTIVARLOS AL SERVICIO?

Elegimos el servicio como nuestro estilo de vida porque tenemos un modelo extraordinario de una vida de servicio: Jesús.

- Porque deseamos parecernos cada día más a Cristo y Él fue alguien que vivió de esa manera. Jesús amó a la gente y la manera de demostrarles ese amor fue a través del servicio. Así que nuestra meta es servir a nuestra generación para que ellos puedan conocer a Jesús y su amor a través de nosotros.
- Porque nos encanta salir de la clandestinidad y mostrar su amor al mundo, sin esperar que ellos vengan antes a nosotros. Deseamos mostrar a

nuestra comunidad que Dios está allí entre ellos y se ocupa de sus necesidades.

- Porque cuando servimos y mostramos un amor genuino, esto nos hace irresistibles para la sociedad. Generamos un puente que ayuda a que la gente se predisponga a oír el mensaje de la cruz.
- Porque los actos de amor y servicio hacen tangible el amor de Dios para la gente. Además, nos permiten ser un testimonio real de lo que Dios también puede hacer a través de ellos.
- Porque cuando servimos, las barreras que nos aíslan de la gente se caen. Nunca sabemos por qué situación está pasando esa persona a la que le estamos dando una comida o un vaso de agua fresca. Ese puede ser el vínculo que genere la confianza para que esa persona abra su corazón al mensaje de las buenas noticias.

MODELEMOS VIDAS QUE INSPIRAN

Una de las peores tragedias que nos puede suceder a los líderes y padres de este tiempo es modelar ante esta generación vidas vacías de contenido, tibias, grises, sin compromiso.

Jesús vivió una vida fuera de lo común y murió de una forma totalmente fuera de lo común. Así que nosotros, como sus seguidores, no nos podemos dar el lujo de desperdiciar nuestras vidas viviendo vidas comunes. Si nuestras vidas no son interesantes, no podremos inspirar a esta generación.

Es de vital importancia que los padres puedan también ser un ejemplo de servicio, compasión y justicia social para los hijos. Que como familia puedan involucrarse activamente y que los jóvenes encuentren un ejemplo a seguir en sus hogares.

Los proyectos y oportunidades de servicio familiares, aunque sea por un par de horas en sus iglesias o compartiendo un viaje misionero, pueden ser una experiencia enriquecedora que formará recuerdos inolvidables en la vida de los hijos. Dios nos ha creado para que vivamos una vida fuera de los parámetros que consideramos normales. Animemos a nuestros jóvenes a vivir vidas extraordinarias y llenas de significado.

Debemos ser intencionales en exponerlos a las necesidades que les rodean y creativos en presentarles opciones simples en donde se puedan involucrar para alterar el statu quo de su entorno. A través de nuestro ministerio con ellos podemos ayudarlos a descubrir cómo su fe puede actuar en situaciones como la pobreza y cuestiones de justicia social. Si logramos concientizarlos, estos adolescentes podrán producir un impacto generacional.

ALGUNAS IDEAS PARA REALIZAR CON TU GRUPO DE ADOLESCENTES:

Comienza con proyectos pequeños que puedan afectar el área de influencia en donde está ubicada la iglesia.

- Sal de las cuatro paredes de la iglesia y organiza un recorrido por los alrededores de tu comunidad. Puede ser a algún área de la ciudad con necesidades específicas. Expone a los adolescentes a las necesidades reales de la gente. Que ellos puedan tener contacto con personas que viven una realidad muy distinta a la de ellos.

- Una vez que identifican una necesidad en particular, preparen juntos un plan de trabajo. Este proyecto que tratará de brindar una respuesta a esa necesidad que han descubierto, puede incluir a la iglesia en general y, por supuesto, a los padres.

- Dales oportunidad de meditar y reflexionar durante el proceso y, al final del proyecto, haz que puedan compartir sus experiencias y vivencias personales: qué cosas les llamaron la atención, de qué manera se sintieron mientras estaban ayudando a los demás, etc. Divídelos en pequeños grupos y que juntos puedan discutir la experiencia.

- Organiza un viaje misionero de corta duración. Estoy convencido de que las misiones de corta duración son una de las maneras más poderosas de hacer un discipulado que produzca una transformación de larga duración, condensado en un corto pero impactante período de tiempo. Esta es una herramienta que utilizamos varias veces al año y es uno de los recursos que más crecimiento trae a la vida de los jóvenes. Básicamente, se trata de seguir el modelo de discipulado de Jesús: viajar con ellos. Mientras practicamos el ministerio les enseñamos y modelamos de qué se trata el discipulado.

- Involucra al grupo de jóvenes en por lo menos un proyecto de servicio social cada año. Estos proyectos no solo le dan la oportunidad de hacer una contribución positiva a la vida de otros, sino que también son muy buenos para sensibilizar sus corazones y entusiasmarse con el propósito de la iglesia.

7
EL SECRETO DE LA PERTENENCIA

En 1 Corintios 12:14-20 Pablo pinta un cuadro bastante claro acerca de cómo debería verse la iglesia: un grupo de individuos y familias trabajando juntos por un propósito en común: traer gloria a Dios. Cada uno de los que formamos parte de la comunidad de fe (pastores, líderes, padres, hijos), todos tenemos un rol que cumplir, que es el de apoyar a otros en sus funciones en el cuerpo a través de la cooperación, el compañerismo y la interdependencia.

Como líderes de adolescentes tenemos una gran tarea y también una gran responsabilidad. De alguna manera, somos un puente o ministerio de reconciliación entre la iglesia (que es la columna integradora del proyecto), los padres (y familiares en general) y los adolescentes. Desde esta perspectiva, no debemos pensar en los padres como el gran problema o el enemigo que tenemos que enfrentar para llevar a cabo nuestra tarea. Ellos no son nuestra competencia. Más bien, debemos pensar en cómo complementarnos e integrarnos con ellos en el proceso formativo espiritual de los jóvenes.

A lo largo de la historia, el pueblo de Dios ha expresado su fe como una *comunidad* donde existe un vínculo común y una historia compartida. De hecho, esta comunidad en realidad se llama «familia» en el nuevo pacto que Jesús vino a traer: nosotros somos la familia de Dios, y nos pertenecemos y necesitamos los unos a los otros.

Muchos papás piensan equivocadamente que los amigos u otras personas tienen más influencia en la vida de sus hijos que la que ellos tienen. Por el contrario, una gran mayoría de jóvenes piensa que sus principales héroes son sus padres. Los padres son la influencia primaria en las decisiones y elecciones de los adolescentes. También es cierto que, como un proceso lógico de maduración, ellos en cierto momento van tomando distancia de sus padres, tratando de desarrollar su propia identidad. Muchos comienzan a cuestionar los valores, creencias y la fe que han heredado de sus familias y se plantean si estos son los que los identificarán a ellos como individuos adultos. En este contexto, son sumamente valiosos aquellos adultos que serán los marcos de referencia y modelos para ellos. Personas que tengan bien integrada la fe en la vida cotidiana, que sean espiritualmente prácticos y que modelen una fe que funciona para la vida.

INVOLUCREMOS A LOS PADRES EN LA ECUACIÓN

El hogar, y no la iglesia, debe ser la principal fuente de formación de la identidad espiritual de los adolescentes. La manera más efectiva de tener adolescentes más involucrados y serios acerca de su relación con Dios y con la comunidad de fe, es teniendo a papás más intencionales y serios en su relación con Dios y su comunidad de fe. Si deseamos tener hijos espiritualmente saludables, necesitamos animar y trabajar para tener padres espiritualmente saludables.

Por razones obvias, y para atender mejor las necesidades de los adolescentes, preferimos trabajar con ellos separándolos por grupos de edades, lo cual facilita la interacción y también nos ayuda a ser específicos y directos en el trabajo de discipulado. Sin embargo, algo clave en la formación de las nuevas generaciones es entender nuestro trabajo con ellos en un contexto intergeneracional en donde la familia se vea involucrada en el proceso como una parte fundamental y los adultos y los adolescentes puedan interactuar en los servicios y actividades de la comunidad de fe.

Es interesante el planteo que hace Reggie Joiner en su libro titulado *Think Orange (Piensa en Naranja)*. Uno de los temas destacados que explica es cómo nuestras expectativas sobre otros influencian sus comportamientos. Él escribe a los líderes lo siguiente: «Tu percepción del potencial que tienen los padres de cambiar y de involucrarse en el proceso de la formación espiritual de sus hijos, puede dirigir el modo en que respondes ante ellos». Muchas veces, como líderes, juzgamos a los padres en lugar de creer que ellos aman a sus hijos y quieren lo mejor para ellos. Reggie presenta una escala útil para describir los niveles de asociación entre los padres y la iglesia:

- Los padres **CONSCIENTES** están preocupados sobre una situación particular o en desarrollo. Estos padres están fuera de la iglesia pero son abiertos a ella y les interesa convertirse en mejores padres.
- Los padres **INVOLUCRADOS** tienen una relación básica o inicial con la comunidad de fe. Aunque

solo se dediquen a llevar a sus hijos a la iglesia, estos padres están tomando pasos para influenciar espiritualmente a sus hijos.

- Los padres **COMPROMETIDOS** están decididos a trabajar conjuntamente con la iglesia. Están creciendo en su relación con Dios y asumen alguna responsabilidad del liderazgo espiritual de sus hogares.
- Los padres **INVERSORES** proactivamente dedican de su tiempo y energía a colaborar con la iglesia. Ellos entienden la estrategia de tu ministerio y forman parte activa en el proceso de formación espiritual.

¿Qué pasaría si ayudamos a los padres a moverse a un nivel más profundo en cuanto a su colaboración contigo y con la iglesia? De CONSCIENTES a INVOLUCRADOS... de INVOLUCRADOS a COMPROMETIDOS... de COMPROMETIDOS a INVERSORES. Este quizás sea uno de los desafíos más grandes que tenemos por delante.

Los padres necesitan iglesias que los ayuden a saber cómo transformarse en líderes espirituales.

Los padres cristianos están deseando que la iglesia los involucre en discutir su responsabilidad de influir en sus hijos espiritualmente.

Las iglesias necesitan que los líderes no se enfoquen solamente en los adolescentes sino también en la familia en su conjunto.

Tenemos que ver a los padres como socios en nuestra tarea. Incluso los mejores padres necesitan voces consistentes en sus vidas que los animen a mantenerse en sintonía con nuestro trabajo y el de la iglesia para ampliar la influencia sobre sus hijos.

Mark DeVries escribe en su libro *Ministerio de Jóvenes basado en la familia*: «Uno de los secretos de un ministerio duradero con adolescentes es encontrar formas de aportar seguridad a los núcleos familiares con el rico apoyo de la familia cristiana de la iglesia en general, y lograr que estas dos familias formativas trabajen conjuntamente para guiar a los adolescentes hacia una madurez cristiana».

IDEAS PARA TRABAJAR CON LOS PADRES DE ADOLESCENTES:

Debemos vernos como responsables de proveer recursos y propiciar un acercamiento continuo a las familias de nuestros adolescentes.

Algunas ideas para conocer y trabajar mejor con los padres son:

LAS IGLESIAS NECESITAN QUE LOS LÍDERES NO SE ENFOQUEN SOLAMENTE EN LOS ADOLESCENTES SINO TAMBIÉN EN LA FAMILIA EN SU CONJUNTO.

- Estudiar y conocer el contexto familiar de los adolescentes. Entender la situación socioeconómica, laboral y espiritual de los padres y cómo está compuesta la familia.
- Elegir un lugar para reunirte con ellos que provea la posibilidad de diálogo e interacción, que preferentemente no sea el auditorio de la iglesia.
- Escucharlos, ellos son los que más conocen a sus hijos.
- Orar por ellos y sus dificultades.
- Explorar las necesidades que surgen en las familias de nuestra comunidad.
- Organizar seminarios para padres que traten la problemática antes investigada.
- Traer a nuestros eventos especiales a gente con valores cristianos que sea experta en los asuntos que son de nuestro interés y del interés de los padres.

- Promover actividades en donde puedan participar los padres junto con sus hijos.
- Entrenar a los padres acerca de cómo pueden involucrarse activamente en el desarrollo espiritual de sus hijos, cómo tener devocionales en familia y cómo practicar la vida de fe como grupo familiar.
- Coordinar con los pastores de la iglesia series anuales de enseñanzas acerca de la familia y la relación entre padres e hijos.

ENTENDER NUESTRA ETAPA EN EL PROCESO

«Ayuden a que los chicos puedan ver que ahora *son parte de la familia de Dios, con dones y talentos que toda la iglesia necesita. Y nunca olvides que la iglesia, con todos sus errores, es lo que Dios estableció para llevar su mensaje por todas las edades»*. Chuck Neder

La meta verdadera de nuestro ministerio con ellos no es lograr que los adolescentes asistan a nuestras reuniones y actividades, descargarles un contenedor de información una vez a la semana sobre qué creer o desafiarlos a comportarse como pensamos que un cristiano debería comportarse. Nuestra finalidad, a través del ministerio con adolescentes, es llegar a ellos con amor, ayudarles a establecer una relación profunda con Jesús a través de una fe experimental y ofrecerles un lugar en donde puedan desarrollar un sentido de pertenencia con sus pares y adultos que están dispuestos a guiarlos y acompañarlos en su trayecto hacia la madurez. Es fundamental que entendamos que nuestro aporte es muy importante y esencial en una etapa del proceso que colabora en integrarlos a la vida de la iglesia, pues allí es donde serán amados, entrenados y alimentados como seguidores de Jesús. La iglesia es la comunidad que los va a discipular a lo largo de sus vidas.

LOS ADOLESCENTES Y LA IGLESIA

«Cuando la iglesia y la familia abandonan su papel de ayudar a los jóvenes a navegar hacia su vida de adulto, los jóvenes buscan a sus amigos, a la música y a los medios de comunicación como mentores suplentes». Mark DeVries.

Los adolescentes que están descubriendo la fe se integran a las iglesias en las que se sienten comprendidos y no juzgados por los adultos. Cuando se acercan a la iglesia lo hacen buscando un grupo al cual pertenecer, un lugar donde puedan establecer lazos profundos, amistades y encontrar contención. Cuando la iglesia trabaja en conjunto para ofrecerles lo que ellos están buscando, entonces ellos encuentran allí lo que nadie más les puede ofrecer. De esa manera los ayudamos a crecer y a madurar.

Además, tenemos adolescentes que han nacido en hogares cristianos, en algunos casos hogares cristianos de segunda y tercera generación, que conocen las Escrituras, han evitado el sufrimiento que producen las malas decisiones vinculadas al pecado y, en general, viven una vida digna. Al llegar a la etapa en donde comienzan a experimentar independencia de sus padres, se replantean profundamente su fe. La falta de desarrollo de una fe experimental en sus propias vidas hace que su fe heredada no les sea suficiente para enfrentar los desafíos que la vida les presenta. Conocen esa fe por habérseles transmitido como información, pero no por haber tenido una vivencia de ella. Si no encuentran en la iglesia un grupo de adolescentes con los cuales identificarse, una comunidad que los acepte, contenga y acompañe en este proceso, y líderes que los amen incondicionalmente, es probable que opten por alejarse.

Tenemos también un número de adolescentes en nuestras iglesias que carecen de una visión cristiana de la vida. Su cosmovisión responde más a los valores, prioridades y formas de entender la vida de la sociedad y cultura en la que han nacido que a la de un estilo de vida influenciado por Jesús. Reflejan más los valores de la cultura imperante que los valores cristianos.

Del lado de la iglesia, necesitamos comprender plenamente el grado de influencia y capacidad modeladora que tenemos sobre la vida de los adolescentes. El nivel de compromiso de la comunidad de fe con la santidad, el servicio, la vida de adoración, la enseñanza de la Palabra y la evangelización, son factores que determinan el grado de compromiso y la formación espiritual de aquellos a quienes estamos influenciando.

La carencia de modelos de referencia es uno de los elementos fundamentales que

afectan negativamente la integración de los jóvenes a la vida de la iglesia. Los adultos, de alguna manera, nos hemos vuelto sospechosos para su generación; ellos dudan de nuestras intenciones y de las actitudes contradictorias que los desaniman en su caminar con el Señor. Así como hay una gran desconfianza a nivel social, en las masas, con respecto a sus líderes políticos, esta también existe de parte de los adolescentes hacia los adultos que los están liderando en las congregaciones. Esto se debe, en parte, por causa de estilos de liderazgos obsoletos y personalistas, y también porque nos ven más interesados en hacerlos participar en nuestros propios proyectos ministeriales que en involucrarnos en sus vidas.

Muchas iglesias y comunidades espirituales están haciendo una tarea increíble tratando de adaptarse, actualizarse y dando respuestas concretas a las inquietudes, desafíos, crisis y expectativas de los adolescentes de hoy. Sin embargo, todavía en algunos púlpitos la Palabra no es predicada de una manera relevante para las familias, padres y adolescentes, que sienten que esta no aporta nada a sus problemáticas. Ven una iglesia obsoleta, alejada de la realidad y distante de sus luchas y necesidades diarias. Uno de los grandes desafíos que tenemos es encontrar un equilibrio para contextualizar el mensaje del evangelio y hacerlo relevante a las nuevas generaciones.

¿QUÉ PUEDE HACER LA IGLESIA PARA FOMENTAR ESTA INTEGRACIÓN?

- Asumir el rol de instruir y preparar a los padres para guiar espiritualmente a sus hijos y proveerles enseñanza y visión. A menudo les recordamos a los padres cuáles son sus responsabilidades bíblicas con respecto a sus hijos y la familia, pero muchos de ellos no han recibido la instrucción necesaria o no han tenido modelos sólidos que imitar. Por lo tanto, no saben cómo hacerlo. Es responsabilidad de la iglesia local ser un soporte y un constante motivo de ánimo para los padres, ya que Dios les ha asignado a ellos la responsabilidad del cuidado espiritual de sus hijos (Deuteronomio 6:4-9).

- Ser intencional en que el servicio del día domingo refleje el compromiso que tiene la iglesia con los adolescentes. Muchos de nuestros servicios se siguen enfocando solamente en la gente adulta y no tienen en cuenta a los niños, adolescentes y jóvenes.
- En la medida de lo posible, repensar cómo se perciben nuestros lugares de reunión. Imagínate lo que podría suceder si en vez de verse como un frío teatro de asientos individuales se parecieran más a la calidez y cercanía que ofrece un family room.
- Compartir un mensaje relevante y de acuerdo a las necesidades de hoy. Instruir y capacitar a cada uno de los miembros de la familia a vivir una fe

práctica; en otras palabras, una fe que funciona en la vida real.

- Ser creativa en la forma de transmitir las verdades bíblicas. A las personas de todas las edades les encantan las historias y las lecciones en las que utilizamos algún objeto en forma ilustrativa.
- No solo enseñamos los principios, sino también cómo poder aplicar de manera práctica esa verdad en sus vidas.
- Cada vez que comunicamos el evangelio pintamos una imagen en la mente y corazón de los adolescentes acerca de quién verdaderamente es Dios. Podemos pintar la imagen de un Dios amargado, enojado y listo para castigarnos, o de un Dios perdonador, amoroso y bueno, que sonríe al vernos.
- Desarrollar una cultura dentro de la iglesia en donde todos, líderes, padres y adultos, estén comprometidos y conscientes de la urgencia de alcanzar a los adolescentes para abrazarlos, entrenarlos y cuidarlos.
- La encarnación de Jesús nos recuerda la importancia de estar cerca de aquellos a quienes queremos alcanzar, amándolos en medio de sus quebrantos y aflicciones.

- La realidad en la que vivimos puede volvernos insensibles a la realidad espiritual, familiar, laboral y económica de los adolescentes que hemos sido llamados a servir.
- Queridos pastores y líderes, necesitamos expresar empatía con ellos, ponernos en sus zapatos, así como Jesús lo hizo con nosotros.
- Delegar responsabilidades en los adolescentes. Muchas veces caemos en el círculo vicioso de no delegar porque pensamos que no están preparados para actuar con responsabilidad. ¿Cómo podrán crecer en responsabilidad si no les confiamos ninguna?
- Ayudarlos a descubrir sus dones espirituales y darles lugar para que los puedan ejercitar en el ámbito seguro de la iglesia y bajo el cuidado de líderes experimentados y maduros.
- Enfocarse en crear unidad intergeneracional a través de oportunidades de servicio en la iglesia, proyectos misioneros y de justicia social en la comunidad.
- Considerar la labor pastoral con los adolescentes como un ministerio auténtico que es, a la vez, imprescindible y necesario.

- Permitir que aquellos que trabajan con adolescentes puedan recibir entrenamiento y capacitación, así como también acceso a recursos que los mantengan actualizados, para poder ser más efectivos en su labor con ellos. El nivel de inversión en quienes trabajan con jóvenes determina la importancia del lugar que les damos a estos.

ALGUNAS PREGUNTAS QUE DEBEMOS HACERNOS

¿Cuál es la mejor manera de integrar a los adolescentes a las actividades en el servicio de los domingos? ¿Dando la bienvenida, participando junto a otros adultos en la música en el momento de la adoración, ofreciendo testimonios y hasta compartiendo una porción de la Biblia antes o después del mensaje?

¿Cómo podemos incrementar la interacción entre los adultos y los adolescentes durante el servicio de adoración cada domingo?

Estamos tan acostumbrados a que los chicos se encuentren segregados en un salón aparte que, cuando comenzamos a pensar en ideas de integración con los adultos, algo nos deja entender que esto es lo correcto y más saludable, y que además puede contribuir con el desarrollo de una fe más sólida en los adolescentes. Las preguntas son bienvenidas. Es posible encontrar nuevas formas de hacer las cosas.

CONEXIÓN INTERGENERACIONAL

Cuando la idea de familia se hace realidad en la comunidad de fe, en la convivencia de los adultos con los más chicos, la hospitalidad, la aceptación incondicional y el sentido de pertenencia comienzan a ser el sello de estas conexiones. Cuando promovemos que los adultos y los adolescentes se conozcan e interactúen en nuestras iglesias, esto no solo es beneficioso para los más jóvenes, que reciben de la sabiduría y experiencia de los adultos, sino que los adultos son inspirados por la vitalidad de ellos y motivados por su fe.

Las relaciones profundas e intencionales ayudan a la formación y al crecimiento espiritual de los más jóvenes. Cuando los adolescentes experimentan pertenencia y cuidado paternal, sus convicciones se afirman y su fe crece.

Hoy, más que nunca, necesitamos que todos los adultos de nuestras comunidades de fe tengan un rol protagónico, tomando la iniciativa de relacionarse saludablemente con los más chicos, mientras nosotros debemos honrar a las generaciones que nos precedieron y que abrieron la brecha y caminos donde no había nada. Avancemos hacia lo que está delante siendo ejemplos y modelos para aquellos que nos observan, mientras preparamos el camino para que las generaciones que vienen detrás puedan llegar más lejos que nosotros.

Tengamos una influencia transformadora en sus vidas y que, capacitados e impulsados por nosotros, puedan llegar a ser la generación que cumpla con el propósito de Dios para ellos en este tiempo.

¿QUÉ PODEMOS HACER LOS ADULTOS?

- No juzgarlos ni criticarlos.
- Trabajar para que la siguiente generación tenga éxito.
- No tratarlos como la iglesia del futuro sino como la iglesia de hoy.
- Delegarles autoridad, pues esto los hará líderes.
- Darles permiso para cometer errores.
- Entender que ellos son diferentes a nosotros, pero que eso no significa que no tengan lo que necesitan para ser usados por Dios.

- Celebrar el momento de la vida en el que estás y compartir tu experiencia con ellos.
- Ser auténticos; no necesitamos fingir ser quienes no somos para liderar a la siguiente generación.
- No subestimar lo que Dios quiere hacer a través de esta generación.

¡Adelante en la tarea de preparar una generación mejor que la nuestra!

BIBLIOGRAFÍA

- Artifical Maturity (Madurez Articifial). Tim Elmore. Jossey Bass, 2012.
- A whole new mind (Una nueva mente). Daniel H Pink. Penguin Group, 2006
- El Ministerio Juvenil efectivo. Lucas Leys. Especialidades Juveniles, 2003.
- Generation IY (Generación IY). Tim Elmore. Poet Gardener Publishing, 2010.
- Lo que todo líder debe saber de sus jóvenes. Sergio Valerga. Especialidades Juveniles, 2012
- Padres Extraordinarios. Mark Matlock. Especialidades Juveniles, 2014
- Razones científicas para leer más de lo que leemos. Ignacio Morgado Bernal. Diario El País, 2017.
- Sticky Faith (Fe Pegajosa). Kara E. Powell y Chap Clark. Zondervan, 2011.
- The Creative Leader (El líder creativo). Ed Young. Broadman & Holman Publishers, 2006
- The divine conspiracy (La conspiración divina). Dallas Willard. Harper Collins, 1998.

- The Next Story (La próxima historia). Tim Challies. Zondervan, 2011.
- The Seven Checkpoints (Las siete evaluaciones). Andy Stanley. Howard Books, 2001.
- Think Orange (Piensa en Naranja). Reggie Joiner. David C Cook, 2009.
- www.barna.org/teens-next-gen-articles/366-teenagers-want-successful-careers-and-global-travel-expect-to-delay-marriage-a-parenting
- www.desarrollocristiano.com/articulo.php?id=69 Félix Ortiz. Nuestros jóvenes, realidad y desafío
- www.dougfields.com/posts/deeperconversation-2/
- www.sfn.org/index.aspx?pagename=brainBriefings_Adolescent_brain

MIS SECRETOS

ALGUNAS PREGUNTAS QUE DEBES RESPONDER:

¿QUIÉN ESTÁ DETRÁS DE ESTE LIBRO?

Especialidades 625 es un equipo de pastores y siervos de distintos países, distintas denominaciones, distintos tamaños y estilos de iglesia que amamos a Cristo y a las nuevas generaciones.

e625.com

¿DE QUÉ SE TRATA E625.COM?

Nuestra pasión es ayudar a las familias y a las iglesias en Iberoamérica a encontrar buenos materiales y recursos para el discipulado de las nuevas generaciones y por eso nuestra página web sirve a padres, pastores, maestros y líderes en general los 365 días del año a través de **www.e625.com** con recursos gratis.

zona de contenido PREMIUM

¿QUÉ ES EL SERVICIO PREMIUM?

Además de reflexiones y materiales cortos gratis, tenemos un servicio de lecciones, series, investigaciones, libros online y recursos audiovisuales para facilitar tu tarea. Tu iglesia puede acceder con una suscripción mensual a este servicio por congregación que les permite a todos los líderes de una iglesia local, descargar materiales para compartir en equipo y hacer las copias necesarias que encuentren pertinentes para las distintas actividades de la congregación o sus familias.

¿PUEDO EQUIPARME CON USTEDES?

Sería un privilegio ayudarte y con ese objetivo existen nuestros eventos y nuestras posibilidades de educación formal. Visita **www.e625.com/Eventos** para enterarte de nuestros seminarios y convocatorias e ingresa a **www.institutoE625.com** para conocer los cursos online que ofrece el Instituto E 6.25

¿QUIERES ACTUALIZACIÓN CONTINUA?

Regístrate ya mismo a los updates de **e625.com** según sea tu arena de trabajo: Niños- Preadolescentes- Adolescentes- Jóvenes.

¡APRENDAMOS JUNTOS!